大是文化

小学生の勉強は習慣が9割

爸媽不用逼的
高效讀書法

哈佛、史丹佛、耶魯大學實證，不用刻意努力也能提高成績。

他的學生「每4名就有1人考上第一志願」
日本國中入學測驗專業輔導學校「伸學會」董事長
講師經驗超過20年

菊池洋匡——著

賴詩韻——譯

第 3 章

第 4 章

第 6 章

家長越是一頭熱，孩子反應越冷

推薦序
只靠建立習慣，從六十分進步到一百分

「館長小編的圖書館日常」粉專版主／**彭冠綸**

「趕快去寫功課！」
「考卷訂正了沒？」
「明天的考試準備好了沒？」

這也是你們家的親子日常對話嗎？大概在孩子升上小學之後，學校開始會有作業和考試。但在這之前，卻沒有人教導他們該如何學習、如何有效率的讀書，以及準備考試。

即便我們成為父母，走過了學生階段，有時也搞不清楚自己是怎麼熬過來的，更不用說教孩子學會如何念書。但《爸媽不用逼的高效讀書法》這本書，收錄的各種實用方法，就非常適合時間有限，又想快速提升孩子學習能力的父母閱讀。

大部分孩子不想讀書，是因為他們不知道為什麼要讀書，以及讀這些書未來有什麼用。對於這道難題，本書作者菊池洋匡說，我們必須先建立孩子的「內在動機」（Intrinsic Motivation）[1]，而內在動機包含了三個部分：自律、關係良好、自信心。其中，作者提到一個完全顛覆我想法的新觀點：「檢討會做的題目」。

通常我們在檢討考卷的時候，都是要求孩子訂正錯的題目，把錯的題目再複習一次，但作者認為，即使是做對的題目，也要檢討。你一定覺得很奇怪，明明就會了，為什麼還要檢討？作者說，我們要告訴孩子：「這題因為你有練習過，所以考試才會寫。」

當孩子知道自己所付出的努力和課業成績密切相關，下次考試他才會甘願再付出努力。原來要建立孩子的自信心，不需要一張滿分的考卷；儘管是一張六十分的考卷，檢討做對的題目，就可以建立孩子的自信心，這方法家長們一定要學起來。

至於怎麼從六十分出發，往一百分邁進？雖然這個差距會讓孩子覺得「不可能」、「我做不到」，但請記得**「Impossible」（不可能）和「I'm possible」（一切皆有可能）**，只差一點。這一點代表什麼？我認為，這一點代表的是書中提到的「**良好的習慣，來自於每天都做一點點**」。

想要建立新的習慣，作者提出了一個「If-then計畫」——如果怎麼樣，就怎麼樣。

---

1. 指學生的學習目的和學習活動本身有關，學習活動本身能使學生得到情緒上的滿足，從而產生成就感。

換個說法，當我做完A，就去做B。比如，想要玩手機的時候，我會先翻開書本讀兩頁；想要看電視的時候，我會先背五個單字。要建立新的習慣很困難，所以把新的習慣綁在原本的舊習慣上面。**藉由舊的習慣，建立新的習慣，久而久之，新習慣就會內化成生活的一部分。**

父母們總希望孩子讀書能夠自動自發、學習事半功倍。現在，這個看似遙不可及的願望，只要透過這本書的做法，父母先調整自己的心態，給予孩子肯定、建立孩子的自信，相信我們都能驅動孩子的內在動機，幫助孩子找到自己的人生動力。

前言

這套方法，哈佛、史丹佛、耶魯大學都認證

對於孩子的學習，你也是這樣想的嗎？

- 只要以志願校或排名為目標，孩子自然會想念書。
- 只要持之以恆，孩子的成績就會進步。
- 只要升上高年級，孩子就會自動自發。

我從事教學超過二十年，發現許多家長都有上述這些誤解。然而，令人

遺憾的是，事實卻並非如此。

許多學生即使升上小學五、六年級，仍然沒有念書的自覺，每天一副悠哉悠哉的樣子，讓家長焦慮不已。每次都說：「好，我知道了。」實際上卻毫無行動。

於是，很多家長便忍不住怒斥。但在之後，卻又感到自責不已；孩子則是劇烈反彈，與家長發生爭吵，甚至越來越討厭念書……不僅成績毫無起色，親子關係也持續惡化。

家中如果有人要參加考試，這種情況可說是家常便飯，無論家長或孩子都苦不堪言。那麼，為什麼多數父母都束手無策呢？

逼孩子苦讀前，先檢視他的生活習慣

最大的關鍵，在於沒有建立習慣。

人的行為，往往取決於習慣。

時間到了，會肚子餓；洗澡、刷完牙，才會上床睡覺；明知道冰箱裡沒有點心，還是會開一下冰箱（尤其是小學生、國中生）；即使沒有想看的節目，還是會打開電視。

養成習慣以後，就會不自覺的一直重複吧？

但是，重複相同的事，當然也就無法有所改變。

一回家馬上開冰箱拿點心的人，不可能變瘦；一回家馬上開電視的考生，成績怎麼可能變好？

即使可以一整天不吃點心、好好用功念書，但如果無法持之以恆，結果怎麼可能改變？

真心想改變自己，取得好成績，就得徹底改變習慣！

但是，在改變習慣之前，我們得先了解習慣的運作模式。

所謂習慣，就是經常「維持現狀」。

安於現狀，是大腦的天性

由於我們的大腦負責掌管生存，所以不管是成績太差、考試不及格、薪水低，還是身材變胖，這些其實都無關緊要，因為只要能夠活下來，就會被大腦視作一種成功的訊號。

這樣來看的話，**最有效的生存策略無非是安於現狀**。

於是，當大腦為了生存下達「重複」、「安於現狀」的指令時，人們就會不斷的重複同一件事。因為，一旦變化，或許就會面臨危機。

此外，大腦還會依環境判斷風險，例如去不熟悉的地方、做不熟悉的事，都是一種高風險。又或者是，被肉食性動物襲擊、糧食短缺等。

換句話說，**安於現狀是大腦的天性**。

因此，**當我們想要改變現狀，提升成績、通過考試、增加收入、減肥時，大腦其實都傾向維持現狀**。

當然，如果你或你的孩子對現狀都很滿意，那就無須改變。又或者是，孩子的成績本身就非常優秀，那麼只要維持現有的習慣，便能邁向成功的未來。因為大腦的運作模式，自然會引導孩子達成目標。

反之，就得著手改變日常生活習慣。

那麼，該怎麼做，才能成功改變習慣？

就算天生不努力，也能學會管好自己

在《爸媽不用逼的高效讀書法》這本書，我將簡單告訴大家，如何透過自我管理建立好習慣。

這些都是經過世界頂尖研究機構哈佛大學（Harvard University）、史丹佛大學（Stanford University）和耶魯大學（Yale University）認證，可實踐且通用性高的方法。

他們以各種年齡層的學生為研究對象，分析可以努力念書與無法努力念書的案例，對於家長頗具參考價值。

另外還有與健康相關的主題，例如：可以忍受甜食誘惑的人與無法忍受甜食誘惑的人，究竟差在哪？

想吃是本能，要抗拒甜食的誘惑談何容易！但是，如果每天都想看電視、YouTube、玩遊戲的學生，能夠了解對抗誘惑的方法，將會受益良多。

而且，這些研究都告訴我們，一些乍看辛苦的事情，只要把它變成習慣，其實並不難。但多數人一心只想走捷徑，所以反而招致失敗。

這也是我想告訴大家的，**即使孩子天生不愛努力，也可以學會妥善管理自己！**

因為各項研究都顯示，想要獲得成功，比起擁有聰明的大腦，更多來自於努力的累積。

即便有許多人認為，努力這件事任誰都做得到，但其實，努力與個性大有關係，而個性又多半受到基因影響。

結論就是，**天生會努力的孩子容易成功，不愛努力的孩子就不容易成功**

——這就是殘酷的現實！

只要運用本書介紹的方法，即使孩子天生不愛努力，也能夠建立努力的好習慣。

方法如下：

- 設定「If-then 計畫」，提升學習動力。
- 善用即時滿足，強化好習慣。
- 了解如何對抗誘惑。
- 增加頻率，快速建立好習慣。
- 提升自我管理的兩種情感。
- 根據五項原則，打造容易達成的目標。

忍耐力不足、缺乏集中力、功課等一下再做，總是先玩再說？如果孩子有這些令人傷腦筋的缺點，就讓本書助你一臂之力！

- 嘴上說：「我知道要念書。」實際上卻毫無行動。
- 明明答應你「〇〇點就要做功課」，卻一直東摸西摸。
- 老是戒不掉YouTube和遊戲。

讓擁有這些壞習慣的孩子變成：

- 能依各科考試，制定讀書計畫。
- 會自己分配寫作業的時間。
- 不會每次都臨時抱佛腳。
- 做好時間管理，該休息就休息。

除此之外，為了孩子閱讀本書的家長們，也可以學會管理自我習慣，進而獲得健康和豐碩的工作成果。

你想協助孩子提升成績，考上理想學校嗎？

本書一定是你的最佳幫手！

小翔！補習班的功課寫好了嗎？
喔……
你到底要我講幾次？
我就不想寫啊……。
你現在不好好寫功課，以後就會跟不上別人！
我為什麼一定要念書？
……。
因為你不用功，就考不上好的學校啊！
是沒錯啦……
可是，如果不一定考得上，那我幹麼還要拚命念書？

所以我才說，你要用功念書啊！
媽媽這樣說，小翔應該是聽不進去喔！
請問您哪位？
我是誰不重要。
小翔不愛念書，可是有原因的！
讀了這本書，孩子一定變得愛念書！
Let's go!!
好可疑的人！

第 1 章

成功者必備的特質，與天分無關

多數師長的共同心願，就是希望孩子將來很幸福、在社會取得成功。你一定也有相同期待吧？

又在玩遊戲……
媽媽希望小翔長大以後做什麼？
ピコ
ピコ
這個嘛……
我希望小翔將來很幸福，
如果在社會上很成功就更好了！
キラ
キラ
成功是指當醫生、律師，還是老闆嗎？
只要他喜歡，什麼職業都可以！
不過，如果遭遇失敗，那就太可憐了！
法
說得也是。那麼，妳知道什麼樣的人容易成功嗎？
被你這樣一問，我一時之間也想不到
……會不會是很努力的人？

如果不知道答案，
就不知道該怎麼做吧？
根據科學研究，
成功的人都有共同特質喔！
真的嗎?!
是的。
不是只有「努力」就好。
讓我為妳說明吧！

1-1 拿高分的孩子，從來不刻意努力

希望孩子將來幸福、在社會上很成功，這是多數家長的共同心願。正在看這本書的你，一定也有相同想法吧！

但在此之前，我們必須先了解成功的定義。首先，我將根據科學研究結果，為大家介紹成功人士的共同特質。

一說到成功，大部分的人都會認為那是努力來的，人們往往必須克服萬難，才得以成功。

另一方面，也有不少人認為，成功只屬於少數有天分的人，因為天分是與生俱來的！

到底哪種看法才正確？

美國佛羅里達州立大學（Florida State University）教授安德斯・艾瑞克森（Anders Ericsson），是心理學界的權威。

他在音樂、芭蕾舞、西洋棋和運動等領域，針對要成為某領域的專家進行研究，進而發現「一萬小時定律」（按：指要成為某領域的專家，必須花費至少一萬小時）。

他的結論是，成功與天分沒有絕對關係，卓越的努力才是關鍵（運動選手除外，因為有天生的體格限制）。

他曾對韓國頂尖圍棋高手進行兩項研究。結果顯示，他們的ＩＱ（Intelligence Quotient，智能商數，簡稱智商）平均值約九十三，甚至比一般人的平均值一百還低。

而且，在圍棋和西洋棋的初學階段，ＩＱ高的人雖然成長較快、能力也更強，但隨著經驗累積，ＩＱ高與實力強不再存有絕對關係。

換句話說，最頂尖的棋手，**不是因為ＩＱ高，而是做了大量練習**。

這個道理放在考試來說也一樣。

在國中入學測驗，聰明的學生確實比較容易考進名校。

不過，這些人並不是徒具天分。

有些成績好的孩子，從小就喜歡玩猜謎、益智遊戲和閱讀，能力自然得以開發，有些還會上潛能開發課程，或是學鋼琴和游泳。也就是說，這些能力是在無形中提升的。

因此，儘管這些孩子的優異表現常被認為是天分使然，但他們並不覺得自己很聰明。

因為很多人忽略了，優異的表現背後，一定少不了扎實的練習。

還有，正所謂聞一知十，能力好的孩子即使學習同一件事，也會領悟得更多、更深入。學習能力強，其努力的成果也就越大。

而且，隨著年齡增加，學習能力也會更好。

請想像一下小學生到高中生的數學。

小學一年級的數學，以加法、減法和看懂時鐘為主。

到了小學四年級，就開始學習分數、小數的乘法和除法，以及雞兔同籠

▲ 成績好的孩子，大多經過扎實練習，才得以具備優秀能力。

（按：此課程在臺灣小學為六年級）、盈虧問題（按：把一定總數，分配給一定的對象，由於每份數法則不同，導致結果有〔盈〕有虧〔少〕）、加減法、植樹問題（按：指用間隔數乘以棵樹，計算出總長）等特殊計算。除此之外，還得學習三角形、平行四邊形等圖形概念，以及如何求面積。

到了高中，則是學習函數圖形、三角函數、指數、對數、微分與積分、數列和平面向量、空間向量。

需要學會的東西，變得越來越多，隨著孩子的能力發展，其成長的腳步也會加速。

總結起來，就是下述結論：

天分×練習＝能力
能力×練習＝成就（成績）
⬇
天分×練習×練習＝成就（成績）

就成就而言，練習的影響大於天分，天分只是贏在起跑點而已。

就像運動會的短跑項目，如果起跑點不一樣，就會大幅影響勝敗結果吧！不過，如果換成馬拉松，即使起跑點不一樣，影響也微乎其微。

考試也一樣，升上國中、高中和大學之後，越後面的考試，越看重練習的累積。出社會後是否有傑出表現，也是由此決定。

因此，若你希望孩子將來獲得成功，就一定要讓孩子學會練習。

重點提示

- 天分只是贏在起跑點而已。
- 長遠來看，練習比天分更影響成就。
- 家長的任務，就是讓孩子學會練習。

1-2 美國史丹佛大學的棉花糖實驗

功課好的孩子都有什麼特質？答案是：「善於忍耐」。

換句話說，就是自制力高。

美國史丹佛大學的心理學家沃爾特．米歇爾（Walter Mischel），曾經對四歲左右的孩童做過一項棉花糖實驗：

①參與實驗的孩童，被帶到一間只有桌子和椅子的房間，並將棉花糖放在孩子面前。

②實驗者告訴所有人：「我有點事得離開十五分鐘。這個點心是給你的，到我回來為止，如果你可以忍住不吃掉，就可以再獲得一個；如果忍不

▲ 能夠忍住不吃棉花糖的孩子，長大後多在社會取得成功。

住吃掉了，就沒有第二個點心。」

孩子想多得到一個點心，就必須戰勝誘惑。他們究竟能忍得住嗎？

此實驗結果為，每三位孩童之中，只有一位能夠戰勝誘惑，多得到一個點心。

棉花糖實驗的目的，原本是想了解幼兒期孩童的自制力發展程度。不過，根據後續追蹤調查，他們發現可以忍住誘惑、自制力高的孩子，成績大多表現優秀，長大後在社會上也很成功。

其他研究也證實：自制力會影響未來的成就。

美國杜克大學（Duke University）的心理學教授泰瑞．莫菲特（Terrie Moffitt），曾在紐西蘭進行一項研究。他們要家長和保育員長期追蹤孩子到三十二歲，並調查他們的社會地位、收入、健康狀態和犯罪經歷。

該研究發現，**幼兒期自制力高的孩子成年後，除了年收入和社會地位較高、擁有房子的機率高以外，罹患循環系統和呼吸系統疾病的風險較低，也**

較少有肥胖問題。

美國著名的心理學家安琪拉・達克沃斯（Angela Duckworth）著有《恆毅力》（*Grit: The Power of Passion and Perseverance*）一書，她也曾做過相關研究。

她調查兩組孩童的ＩＱ和自制力，再根據學力等各項指標，分析何者影響較大。結果顯示，雖然ＩＱ和自制力都會影響學力表現，但是自制力的影響更大。

根據諾貝爾經濟學獎得主詹姆士・赫克曼（James Heckman）的研究，可發現ＩＱ與個性，後者對人生的成功尤其重要。

該研究以數萬名孩子為對象，記錄他們的ＩＱ和個性，以及數十年後的收入和健康狀況，再加以分析。

實驗結果，無論是從成績、收入，還是身心健康狀態，都顯示個性的影響更大。也就是說，自制力與學力表現、健康狀態、社會上的成功，以及良好的人際關係息息相關。

▲ IQ < 個性。越是勤勉，越容易在社會上取得成功。

孩子可以抵抗眼前電視和遊戲的誘惑，選擇用功讀書，成績自然好；可以拒絕眼前的美食和酒的誘惑，保持健康的飲食生活，身體自然健康。

既然如此，重點就在於：如何培養孩子的自制力？還有，如果天生自制力不佳，有方法改善嗎？

重點提示

- 根據棉花糖實驗，每三位孩童之中，只有一位能夠戰勝誘惑。
- 善於忍耐的孩子，將來容易成功。

1-3 自制力差？就主動遠離誘惑

很多人認為，善於忍耐的孩子，成績大多很優秀。你的孩子善於忍耐嗎？非常遺憾，這樣的孩子可說是少之又少！

我自己也是不太會忍耐的人，曾在單身時期，因為拒絕不了酒精的誘惑，天天飲酒過量。

但如果只用忍耐，來斷定一個人未來是否能成功，似乎有些偏頗，因為善於忍耐的人終究是少數。一般的孩子究竟該如何抵抗誘惑？

此時，向大家介紹一個好方法：

步驟①：擬定行動計畫。

步驟②：讓好行為變成習慣。
步驟③：潛移默化，讓習慣變成個性。

光是步驟①擬定行動計畫，就會有顯著的效果，步驟②和③則是可以將成效發揮到最大。

前面我提到，越是善於忍耐的人，越能夠克制眼前誘惑。但其實，這句話得從長遠的角度來看，才能成立。

因為**個性善於忍耐的人，確實比較容易戰勝誘惑，但從短期來看，行為受到個性的影響卻微乎其微**。試想「意志力強的人也會吃太多」、「個性溫和的人也會生氣」，大概就能了解其中的意思。

比起個性，當下的狀況和環境，才是大幅影響行為的主因。

舉例來說，多數孩子之所以能不吃棉花糖，是因為他們都沒有把注意力放在棉花糖，而是分散了思緒，才得以成功抵抗誘惑。反之，一直盯著棉花糖的孩子，則大多以失敗收場。

由此可知，如果與棉花糖誘惑正面對決，當下幾乎沒有勝算。

既然如此，要如何戰勝誘惑？把棉花糖放到遠處、藏到看不見的地方，或是靠唱歌分散注意力……這些都是好方法。只要不與棉花糖誘惑正面對決就好。

這項道理不只適用於棉花糖實驗，任何情況都有效。

而為了引導孩子，首要之務就是「擬定行動計畫」。

如果能夠事先決定「遇到

▲ 多數孩子之所以能成功抵抗誘惑，是因為選擇分散注意力。

這種狀況我就這樣做」，或是主動遠離誘惑多的環境，即使孩子不擅忍耐，也有很大機率達成行動。

隨著良好行為的累積，達成目標的機率就可以大幅提升。當孩子有成就感，就會越來越樂於學習。

事不宜遲，從今天就開始行動吧！

重點提示

- 比起個性，當下的狀況和環境，才是大幅影響行為的主因。
- 不要與誘惑正面對決。
- 事先擬定行動計畫。

1-4 習慣是「重複」出來的，好壞都是

確實，透過行動計畫，就可以養成好習慣。

你自己有哪些習慣？

我想，應該是好、壞習慣都有吧！比方說，睡前刷牙和洗澡，這類好習慣有助於維持健康；而常見的壞習慣，應該也不少吧？例如，睡覺前滑手機和愛吃零食。

此外，還有穿褲子的時候，你是從右腳開始穿，還是左腳？鞋子又是習慣怎麼穿？其實，對於這種無傷大雅的習慣，我們不太會刻意去思考「今天要不要從右腳穿？」，往往會下意識的採取行動。

而且，人類有九〇%的行為都受到下意識的影響。

為什麼人的行為會受到下意識的影響？

因為人的大腦非常優秀，會盡量減少損耗能量。在日常生活做各種選擇時，我們通常會不經思考，下意識的根據習慣來行動。

因此，若能善用這個特性把好行為變成習慣，我們就可以輕鬆維持好行為。就像穿褲子先從右腳一樣，如果養成「從補習班回家，先做當日複

▲ 下意識的行為，不需要大腦判斷。

習」的習慣，結果會怎樣？一定比從補習班回家後先玩遊戲，更有利於提升成績吧！

想要建立習慣，關鍵在於「重複」。重複的行為一旦變成習慣，習慣又會促使行為不斷重複。但也因為人的一舉一動，往往容易受到眼前的誘惑影響，所以壞習慣容易養成，卻難以改進——問題就出在這裡，我們需要知道如何建立好習慣。

美國芝加哥大學（University of Chicago）教授凱特琳・伍利（Kaitlin Woolley）和艾雅蕾・費雪巴赫（Ayelet Fishbach），針對能夠建立好習慣的人，與無法養成好習慣的人，做了一項研究。

結果顯示，**即使是善於忍耐的人，也不容易建立長期習慣**。

善於養成好習慣的人，都是怎麼辦到的？

關於這點，我會在第三章詳細說明。

當我們設定完行動計畫，接下來就把好行為變成習慣吧！

重點提示

- 人類有九〇%的行為都受到下意識的影響。
- 善用行為會重複的特性，就可以輕鬆持續習慣。
- 建立長期習慣並不容易。

1-5 三歲看小、七歲看老？不一定，因為個性會改

把好行為變成習慣，個性就會跟著改變。

改變個性——這有可能嗎？

答案是「YES」！

人的個性確實難以改變。而且，個性的形成，將近一半來自遺傳因素。

不過，反過來說，也有一半是由後天決定。

大家常說：「三歲看大、七歲看老。」其實，小時候的個性，也不一定完全不會改變。

根據美國伊利諾州立大學心理學教授布倫特・羅伯茨（Brent Roberts）

▲ 重複相應行為直到變成習慣，最後就可以改變個性。

的研究，顯示隨著時間經過，個性也可能改變。而且，年齡越小，個性越容易改變。即使是高齡者，個性也有改變的可能。

也就是說，**後天的努力可以改變個性，孩子尤其容易改變**。

既然這樣，我們當然希望孩子能夠養成良好的個性。

個性要如何改變？

告訴大家一個方法，想變成什麼個性，就得建立相應的習慣。

「習慣會造就一個人。」

「習慣是第二天性。」

「習慣成自然。」

無論東西方，都流傳類似的諺語。實驗證實，這些諺語的確所言不假！

美國伊利諾州立大學（Illinois State University）博士內森・哈德森（Nathan W. Hudson），曾以學生為對象，進行長達十六週的實驗。一開始，他對學生進行個性測驗，經過十六週以後，他又重新進行測驗。結果發現，那些積極改變個性的受試者，幾乎都能成功。

如果再加上行動計畫輔助，受試者則更可能做出理想行為，使個性跟著大為改變。

這表示，改變行為，個性也會跟著改變。

把行為變習慣，孩子什麼都想學

不擅忍耐、不愛用功的孩子，也可以透過行動計畫，把好行為變成習慣。如果能不斷的持續下去，個性就會跟著改變。

你想變成善於忍耐、努力用功的人？還是善於社交、與人相處融洽？或是對任何事都感興趣的好奇寶寶？

只要不斷重複相應行為，就能夠變成自己期望的個性！

善用建立習慣，好好改變孩子和自己的個性吧！

重點提示

- 個性有一半由後天決定。
- 想變成什麼個性，就要建立相應習慣。
- 行為可以改變個性。

1-6 人的行為可透過科學方法改變

如果把個性也視為一種天分，不就表示人生會成功或失敗，從出生就已經決定了嗎？

其實，這是錯誤的看法。

這是因為，**人的行為其實可以透過科學方法來加以掌控，並不完全受到個性左右**。而且，把行為變成習慣，然後不斷的重複持續下去，這也是有方法可循的。透過「重複」和「持續」，可以改變個性。

個性一旦改變，即使沒有行動計畫輔助，行為也會自然改變。

身處任何情況，如果都能夠自然做出好的行為表現，那麼無論學習、工作、健康管理，或是人際關係，都可以諸事如意。

諸事如意，人生就輕鬆愉快。

想讓孩子擁有輕鬆愉快的人生嗎？趕緊把下一章的方法，傳授給孩子吧！

最重要的關鍵，就是學會「建立習慣的方法」。

雖然短期的行為可以透過行動計畫加以管理，不過，這只是一時的努力而已。努力這件事並沒有那麼容易，也很難長久持續。

舉個例子，只在段考前一、兩週臨時抱佛腳的孩子，贏得過平常就習慣用功的孩子嗎？當然沒辦法。平常就習慣用功的孩子，絕對

▲ 建立好習慣不只省力，還能讓孩子自動自發念書。

是完勝。

這項道理適用於任何一件事。

夏天到了，趕緊花一、兩個月努力減肥的人，與長期注重飲食運動的人相比，結果也顯而易見吧！因此，比起擬定行動計畫，學會建立習慣的方法尤其重要。

個性何時會改變？會改變多少？後續的行為將產生什麼改變？這些都無法控制。不過，習慣卻是我們可以改變的。

從今天開始，踏出建立好習慣的第一步吧！

重點提示

- 讓好行為變成習慣。
- 好行為變成習慣，個性跟著改變。

第 2 章

爸媽不用逼的
高效讀書法

如果孩子的理想與用功念書沒有關聯，他就會缺乏學習動力。接下來，就讓我們確實掌握目的、目標和當下定位，激發孩子的動力吧！

優秀的孩子，除了努力練習，還要學會抵抗誘惑吧！
沒錯！就連大人也難以抵抗誘惑……。
アアーッ
我最愛絨毛玩偶了！
無言……
我也是！如果要我不吃點心，我也做不到吧！
透過行動計畫，可以有效避開這類誘惑！
當眼前出現點心，就馬上離開現場……避開誘惑，就是一種好習慣。

居然連個性都
可能改變？
太不可思議了！
把好行為變成
習慣十分重要！
習慣
咦？
妳知道如何踏出建立習慣的
第一步嗎？
是刻意建立習慣嗎？
我不懂……。
那就讓我
好好說明一下吧！

2-1
當孩子質疑：「為什麼我要用功讀書？」

讓我們開始學習建立習慣吧！

首先，我們得先確定目的。如果沒有目的，就永遠無法踏出建立習慣的第一步，因此一定要有「我想變成」或是「我想做」的想法。

請思考一下，你的孩子有學習目的嗎？

這裡必須提醒大家，所謂的學習目的，並不一定是為了提升成績或是為將來打算。

而是當孩子沒有明確學習目的時，往往會問師長：「為什麼要用功念書？」你的孩子應該也這樣問過吧？

像這種時候，即使家長苦口婆心的說：「用功才可以提升成績。」、「這是為了你的將來好。」但這些理由卻說服不了孩子，為什麼？

其一，**孩子只是在抱怨，並不是真的想知道答案**。其他情況也一樣，當他們抱怨為什麼，通常都只是在發洩不滿。

「吃不下飯，那以後就不要吃點心。」

「為什麼？」

這種情況就只是在發洩不滿而已。畢竟不可以吃點心的理由，孩子自己也非常清楚。

因此，**大人只會對孩子講道理是沒有用的**。

其二，孩子雖然問「為什麼？」，但其實那些大道理他都知道。

用功可以有好成績，有好成績就可以考上好的國中、大學，甚至進入一家好公司。未來的路比較多選擇，也可以獲得高薪──這些道理，他們早就聽過不下百次。只要等孩子冷靜下來再問他，他也能說得頭頭是道。

既然孩子早就知道這些道理，就不需要師長再費唇舌。

孩子這樣問，是因為內心無法認同

既然如此，為什麼道理懂了，他們卻還是對念書這件事感到不滿？這是因為，孩子雖然懂得道理，內心卻無法認同。**他們不覺得用功這件事，跟自己有什麼切身關係。**

請試著想像下列狀況。

假設有位患者，因長年無法戒掉抽菸、喝酒的習慣，而且隨著年紀增長，體重越來越胖。

每年的健康檢查，都被醫生罵：「你真的要戒菸、戒酒、多運動，把體重減下來！否則再這樣下去的話，你會得慢性病！」但是該名患者的生活卻依舊毫無改變。

「我當然知道戒掉菸酒、控制體重，身體就會健康。不過，身體健康了，然後呢？難道我只能一直忍耐，度過漫長的無趣人生嗎？與其這樣，還不如做喜歡的事、開心過日子，早點死也沒關係吧！」

應該不少人這樣想吧？這就是所謂的知易行難。

念書沒有目的，就不會當一回事

所謂目的，其實就是自己想達到的理想狀態。

如果想讓成績變好，取得好成績就是目的。

以此類推，如果你想讓孩子進入門檻極高的〇〇國中就讀，就必須取得好成績。同樣的，如果理想是當醫生，你的目的就會是：進入升學率高的〇〇高中就讀，然後考上醫學院。

對樂於學習的人來說，念書本就是目的，取得好成績只是完成目的的附帶價值而已。

無論如何，只要記住一點，一定要讓「自己想達到的理想」和「用功念書」產生關聯！

▲ 清楚用功念書的目的（想達到的理想），
就會充滿動力，積極投入念書計畫。

若非如此，學生就不會當一回事，也很難踏出改變的第一步。

因此，得先讓孩子學會設定目的。

設定了目的，就會迅速展開行動

我教過的學生當中，就有好幾位因為目的非常明確，比方說「我想就讀○○國中」，因此積極投入念書計畫。

這些孩子不僅可以自主學習，不需要家長或老師督促，連沒課的時候，也會到補習班念書。

雖說如此，要如何促使孩子設定目的？

在下一節，我會告訴大家具體的方法。

重點提示

- 當孩子發洩不滿時，對他講道理根本沒用。
- 首先，請孩子確認用功念書的目的。
- 所謂目的，就是孩子想達到的理想狀態。

2-2 培養自律的第一步，讓孩子自己決定

由自己內心產生的動力，叫做「內在動機」。而要培育內在動機，又分為「自律性」、「關係良好」和「自信心」，各自定義如下：

①自律性＝自己做選擇。
②關係良好＝與周圍的人關係良好。
③自信心＝有自信可以做到。

只要滿足其中一、兩項要素，就可以有效提升動力；三項皆符合，就能

激發最高動力。為了滿足上述三項要素，家長該怎麼做？

讓孩子自己安排，犯錯再修正就好

首先，為了建立孩子的自律性，家長要盡可能的讓孩子自己安排念書計畫。例如：幾點開始、從哪個科目開始念，以及用什麼方式念書。

但是要注意，越是要求或命令對方寫筆記、寫算式，或是規定字一定要寫整齊，**念書這件事就會變得無趣**。此時，建議先明確的說出「寫出算式的好處」，再讓孩子自己做決定。

萬一孩子不接受建議，也不必當下糾正，等到出現問題時，再一起檢討，讓他了解「原來沒寫算式容易算錯」。

當孩子可以自由選擇時，念書這件事就會變得有趣許多。

因此，在決定念書目標時，同樣也讓子女自己做選擇吧！**有決定權，他才會產生動力**。

圖表2-1　提升內在動機的三個要素

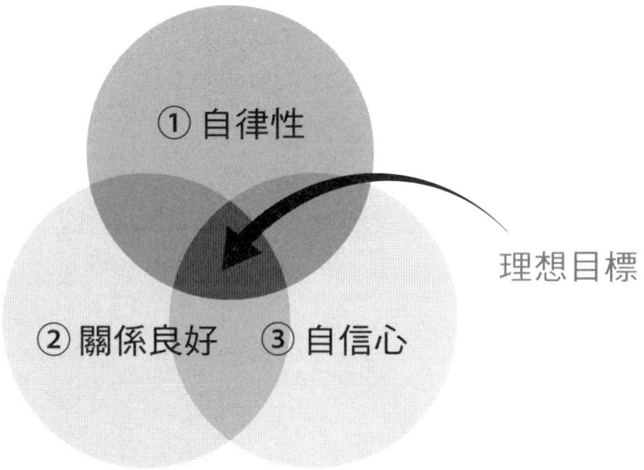

▲ 由孩子自己決定可行目標，然後努力實踐。

但就我的經驗來看，許多家長都是擅作主張，逼孩子去上補習班。在這種環境下成長的子女，當然不會想念書。想提升學生的意願，不如先告訴他考試的好處，或是先試聽課程，最後再讓孩子自己做決定。

決定志願也是一樣。想上哪所學校，就帶他去參加學校舉辦的活動，好好了解一下學校。

如果孩子已有自己的夢想，就教他如何透過努力學習，幫助夢想實現。關於這點，我會在2-3詳細說明。

表現好，一定要給予稱讚

親子關係的經營，家長也得多費心思。

在我教過的學生當中，有些人很不喜歡爸媽一直催促自己念書，甚至表示，**雖然努力念書可以討爸媽的歡心，但因為覺得這是一種認輸，反而更不想念書**。

這是因為，當親子關係和睦時，孩子自然會聽話並勇於嘗試。但如果換作是討厭的人來講，即便再有道理，卻還是不想照做。這種心態，無論大人、小孩都一樣。

此外，家長也要特別注意，當你想糾正錯誤行為時，一直不斷的指責對方，孩子只會認為你是在挑他毛病，因而發起脾氣來。

如此一來，不只父母困擾，孩子本身也會陷入自我厭惡，甚至失去自信。**家長一味的指責，對提升孩子的動力毫無幫助。**

為了維持良好的親子關係，與其指責孩子，不如多點認同和鼓勵。

設定「可以做到」的目標

最後一項要素就是自信心，要讓孩子覺得「我做得很好」、「以後我也可以做到」。

如果一開始就設定挑戰性高的目標，結果往往不盡理想。

只有讓孩子多加累積成功經驗，他才會有信心接受高難度挑戰。因此，不要急，一步一步慢慢來吧！

以上就是提升內在動機的三個要素。

此外，許多研究發現，**比起「該如何做」，思考「為什麼必須這麼做」，更容易提升動機**。

例如，讓一組人思考「人生必須健康的理由」，另一組則思考「變健康的方法」。研究結果顯示，前者更容易抵抗眼前的誘惑。

為了提升成績，該做什麼學習很重要，但如果**想讓孩子戰勝誘惑、貫徹執行學習計畫，更需要了解為什麼必須用功**。

踏出第一步後，接著就有第二步、第三步，不要忘記隨時確認孩子們的目的！

重點提示

- 最後的決定權交給孩子（家長可以給建議）。
- 建立良好的親子關係。
- 一開始，從實際能夠達成的目標做起。

2-3 別再問他：「你將來要做什麼？」

目的決定以後，就開始設定目標吧！目的和目標聽起來雖然很像，但應該分開運用，才更容易到達目的。

「明明說要參加〇〇考試，卻不認真念書。」

「明明說要考〇〇學校，卻不用功。」

這是許多家庭的煩惱，也常有家長向我求助。

最大的原因，在於孩子雖然有目的，卻沒有設定明確的目標。

所謂目的，是指最終達成的理想狀態。

而**目標則是為了達成目的，每個階段的短期計畫**。

「按照這個方向前進，可以抵達目的地嗎？」

「依現在來看，在期限之前可以抵達目的地嗎？」

所謂目標，是用來確認方向和進度。假設目的是「考上〇〇學校」，學校的偏差值是六十，現階段自己的偏差值[2]是五十，目標就應該設定為「〇月模擬考的偏差值至少要達到五十五」。

---

2. 指相對平均值的偏差數值，是日本學校對於學生智能、學力的一項計算公式值。偏差值與個人分數無關，反映的是每個人在所有考生中的水準順位。通常以五十為平均值，七十五為最高值，二十五為最低值。

設定目標，讓目的和讀書產生關聯

決定目標，對孩子踏出第一步非常重要。目的越高遠，當下越需要設定目標。

如果孩子的目的是樂於學習，或是取得好成績，因為目的地就在眼前，所以可以很輕易的就踏出第一步。

假設目的地很遙遠，比方說「想考上○○學校」，或是「將來想成為○○」，此時如果不設定目標，就會不知所措和迷失方向吧！

因為這些目的，如果沒有和念書這件事產生連結，就不會產生動力。

仔細想想，還真是如此！今天有沒有用功，實際上對「考上○○國中」的影響微乎其微，也可以說是毫無關係。

「將來想當醫生的話，就要努力用功」，這句話對學生來說，其實作用不大。因為目的太遙遠，與當下的努力沒有關聯，所以不會產生動力。

▲「將來想當醫生的話，就要努力用功」，
這句話對學生來說，其實作用不大。
因為目的太遙遠，與當下的努力沒有關聯，所以不會產生動力。

因此，我們必須設定許多階段性目標，讓「努力準備這次模擬考」或「下次課堂小考」，與將來「考上〇〇國中」產生關聯。

多和未來的自己對話，自制力會變高

以下也是經科學實證的方法。

美國史丹佛大學的研究者哈魯．赫希菲爾德（Hal Ersner-Hershfield），曾經針對「你覺得現在的自己與未來的自己很接近嗎？」做調查，接著又做幾項自制力測驗。

結果顯示，**越是覺得現在的自己與未來的自己很接近，自制力就越高**。

赫希菲爾德又做了另一項有趣的實驗。

他利用學生的照片製作年老的虛擬化身（Avatar），並讓學生在虛擬空間與化身進行對話。當學生問：「你叫什麼名字？」、「你來自哪裡？」、「什麼事能讓你燃起人生熱情？」虛擬化身都會一一回答，簡直就像與未來的自己對話！

之後，他問學生：「假使意外收到一千美元（按：全書美元兌新臺幣之匯率，以臺灣銀行在二〇二二年八月公告之均價二九．六元，約新臺幣兩萬九千六百元），會怎麼運用？」比起只從鏡子看到現在的自己的人，**曾與未來的自己對話的人，投入儲蓄的金額竟然多出兩倍以上**。

意識到未來的自己如此接近，就可以抵抗眼前誘惑，選擇有利於未來的行動。

先想結果，預先寫下「考上〇〇學校的感想」

那麼，實際有哪些方法呢？

我會**讓即將參加考試的學生，預先寫下「考上〇〇學校的感想」**。

讓學生想像已經通過考試，然後寫下看到錄取榜單的時候，是什麼心情，以及自己的成長軌跡，藉此回想過去的自己（其實是未來的自己）經過

▲ 設想自己已經通過考試，寫下「考上〇〇學校的感想」，藉此提升動力。

多少努力，才有今天的成果。

這也是讓現在和未來產生連結的方法之一。

從未來的角度看自己的成長軌跡，再回到當下，就會清楚接下來該達到哪些目標。與其單純想像自己考上的情形，不如想像成長軌跡，會更有真實感。許多孩子喜歡這項練習，寫完考上○○學校的感想，都覺得充滿動力！

讓「現在的自己」與「未來的自己」產生連結十分重要，除了提升動力，還可以堅定意志力。現在趕緊決定目標吧！只要設定各階段性目標，最終就能到達理想目的！

重點提示

- 「目的」與「目標」要分開設定。
- 目的越高遠，當下越需要設定目標。
- 和未來的自己對話，強化動力。

2-4 一直警告「不要做○○」，他更不想聽

某次考試結束，我與學生召開檢討會。

我詢問最近加入的某位學生：「你覺得怎麼做，或許可以拿到更高的分數？」他回答：「社會第○○單元，如果有記熟就好。」

我又進一步追問：「那你覺得怎樣才能記熟？」他卻無言以對。

這情況非常令人擔心！

對方雖然知道要把社會第○○單元記熟，但對於方法卻毫無頭緒。

無法採取任何具體行動，這樣的孩子即使到下一次考試，成績也不可能進步。

其實，這種情況並非個案，許多考生都有這種問題。

決定好目的，設定好連結目的的目標，接下來就是決定行動目標（學習計畫）。

行動目標要具體、有數字

例如：「〇月模擬考達到偏差值〇〇」，這就是一種目標。一旦決定目標，就會產生動力。

不過，如果沒有想好該怎麼做，便很難付諸行動。為此，為了達到目標，首先必須設定行動目標。

這麼做的用意在於管理自我行動，因此，我們都會要求學生設定具體、可量化的目標。

舉例來說，「努力做數學題」，這種目標就不適當。既沒有具體提出詳細的做法，也無法以數據說明努力成果。

「注意不要看錯題目意思」也是如此。

這樣定目標，九〇%的孩子的成績都停滯不前。

所謂具體，就是讓人一聽就懂，就算交代給別人做也沒問題。

但從上述例句來看，「注意不要看錯題目意思」，光聽這句話，根本不知道該怎麼做吧？可是，如果改成「為了避免誤解題目意思，在重點上畫線」，就能讓人一聽就懂吧！

而所謂「可量化」，指的

▲ 行動目標要具體且可量化。
許多學生不會設定目標，家長可從旁協助。

是可以用數據表示。

「算術教材的第〇單元，請加油！」➡「第〇單元的問題，請寫三頁」。

像這樣，設定任誰都能理解的目標，就能夠提升自我管控目標的能力。

可量化的行動目標如何設定？

一開始，可以詢問「想做什麼？」、「要做到什麼程度？」，或是提供幾個選項，引導他們深入思考或是做選擇。

當孩子表示「想努力做數學題」，可以接著問：「怎麼做，才算是努力練習？」、「做到什麼程度，才算達成目標？」如果孩子答不上來，可以提供選項，例如：「〇〇和〇〇，哪個做法比較好？」

前面提到的案例，後來我問：「你覺得做哪部分的問題練習比較好？」他回答：「我應該要把基本問題再做一次。」

學生的大腦還在成長階段，要求他們思考為了達到目標該做什麼，確實有困難。

不要勉強他，也不要生氣，適時從旁給予協助吧！

●與其規定「不能做」，不如告訴他「可以做」

再跟大家分享一項祕訣。設定目標時，與其告訴孩子「不要做〇〇」，不如告訴他「可以做〇〇」，目標的達成率將大幅提升。

例如，為了達到減重目標，與其說「不要吃甜食」，不如說「想吃點心時，可以吃水果」，減重成功的機率會變高。再比方說：

- 「不要計算錯誤」⬇「在紙上，寫下算式。」
- 「不要玩遊戲」⬇「想玩遊戲時，就去看書。」

管理和量化行動，或是決定衡量某事時，請參考上述方法。

重點提示

- 決定行動目標。
- 行動目標要具體且可量化。
- 制定行動目標時，與其告訴孩子「不要做○○」，不如說「可以做○○」。

2-5
改善弱科，只要掌握五個原則

設定目標，除了要具體和可量化，還有三項重要原則，分別是相關行動、決定期限、能力所及的目標。

「孩子只念自己擅長或喜歡的科目，不喜歡的科目根本不想碰。擅長的科目可以拿到八十分左右，但分數也不會再高了。只考四十分的科目，明明還有進步的空間，卻不想努力……。」

你也有類似的煩惱嗎？

孩子的想法還不夠長遠，往往只思考眼前的事。因此，建議家長可先協助他們確認目的，之後再思考相關行動。這裡必須提醒，光是告知不擅長的科目應該加強，是不可能讓孩子產生動力的。

尤其是，只讀學校教材或是用螢光筆畫重點，這類方法的學習效果都非常差。

然而，即便是最有效的學習法，例如解題，很多學生也會因為不想耗費腦力，而習慣選擇相對輕鬆的方法。其實，無論運動或學習，不耗費精力，根本無法提升能力，**選擇輕鬆的做法，只會白白浪費念書的時間**。

為了不能讓孩子白費功夫，一定要告訴他們，如何學習才可以有效提升效率！

想要提升成績和考上志願學校，應該採取什麼相關行動？請和孩子一起討論，並養成習慣吧！

我帶過許多學生，也教他們提升成績應該採取哪些相關行動。改善學習方法以後，多數孩子的成績得以急速成長。

決定期限，才不會一拖再拖

想加強弱科，卻總是再三拖延。成績毫無起色的孩子，通常都有這種毛病。學生時代的我，也有這種毛病。

你也跟我一樣嗎？

事情一拖再拖，最後根本沒做……為了防止這類情況，最好的辦法就是明確決定「何時做」。

詳細的內容，我會在第三章說明。

為了達到學習成果，必須制定能力所及的目標。目標太輕鬆不會成長，目標負擔太大，也得不到成長。

因此，幫助孩子快速成長的祕訣，就是讓他做比目前實力多出一點難度的學習。

從動機來看，一定**要讓孩子覺得「我好像做得到」**；「太難了，我做不

▲ 用五項原則制定目標，成績就提升。

到」、「太多了，我做不到」，一旦孩子這樣想，就會動力盡失。

「①具體」、「②可量化」、「③相關行動」、「④決定期限」和「⑤能力所及的目標」，合起來就是商業領域常運用的SMART原則。

- Specific：具體。
- Measurable：可量化。
- Achievable：能力所及的目標。
- Relevant：相關行動。
- Time-bound：決定期限。

上述五個單字的首字縮寫，就是「SMART」。不過，由於孩子可能會不懂什麼是Specific和Measurable，所以我將此通稱為「五項原則」。即使是低年級生，多念幾次也可以記起來。

為了達到最終目的，必須制定中長期的結果目標。為了達成結果目標，決定行動目標更加重要！

重點提示

- 設定行動目標有三項重要原則：相關行動、決定期限、能力所及的目標。

建立自信的神招：讓孩子給學弟妹建議

制定能力所及的目標非常重要。

不過，孩子到底是怎麼想的，只有他自己知道，我們無法揣測。

當大人們認為「這一點小事，為什麼不會？」時，孩子卻可能覺得自己做不到……。

堅強的內心和自信心，到底該怎麼培養？

最好的辦法，就是讓孩子累積成功經驗。累積越多微小的成功經驗，就會產生自信，並勇於挑戰。

不過，累積成功經驗需要時間，而且不敢踏出第一步的孩子，只會一直原地踏步。面對這類孩子，我們該怎麼協助？

我要介紹一項技巧：「**讓孩子當過來人給建議**」。

這是讓孩子產生自信的好辦法。

某項針對國中生的研究，發現讓學長姊擔任過來人給學弟妹建議，有助於提升動力，念書的時間也會大幅增加。

給別人建議，為什麼有助於提升動力？這是因為給別人建議的時候，會產生「被需要」的感覺，進而衍生自信心。

「考試結束後，你想給學弟妹什麼建議？」不妨讓孩子思考這個問題吧！

第 3 章

打造確實可行的讀書計畫

建立好習慣，一定要從日常生活中做起。研究證實，活用這項方法，可以大幅提升目標達成率！

目的和目標不一樣，我到現在才知道！
因為平常也不會注意吧！
目的
制定行動目標真的很重要！
沒錯！孩子一定要搞清楚為什麼用功念書、該怎麼安排時間。
這樣就不會迷失方向了！
這裡是哪裡……
是啊！如果搞不清楚方向，不僅浪費時間，也沒辦法集中心力。
我好像也應該學一下……。
一定要根據五項原則，正確制定行動目標！

不過，孩子真的會照做嗎？
但願真的能夠實踐……。
任何習慣都得從第一步開始，但第一步總是最難的！
就好像騎腳踏車一樣吧？
沒錯！
接下來要告訴大家實踐的祕訣！

3-1 抱怨功課太多做不完？分科拆解就不難

決定好目的和目標，趕緊踏出第一步吧！

任何習慣都是從行動累積而來，這一章要告訴大家，如何讓孩子付諸行動，直到養成習慣為止。

想通過考試、提升成績，一定要用功念書，這道理誰都知道，不過，實際上卻很難做到。

到底該怎麼做，才可以朝目標前進？

祕訣①就是**設定小目標，降低行動難度**。

我在前面已提過，目標必須能力所及。一旦孩子覺得太難、太多、做不到，就會動力盡失。

接下來，容我進一步說明。

人的動力源於目標價值和達成目標的可能性，美國心理學家約翰・威廉・阿特金森（John William Atkinson）將之稱為「成就動機理論」（Achievement Motivation Theory）。

即使目標很棒、很有意義，但如果覺得「我可能做不到」，就不會產生動力。因此，當孩子提不起勁念書時，問題極有可能就出在這裡。你的孩子也是這樣嗎？

把大目標分成幾個小目標，就可以解決！

覺得補習班的功課太多，因為不想寫，所以一拖再拖。很多孩子都有這種問題吧？

遇到這種情況，只要把功課分科拆解就好。

以一頁為單位，或是以一大題為單位，設定幾個小目標，孩子不知不覺就可以做完功課！這項方法有助於孩子踏出第一步，並且持續下去。

這是今天的功課。
國語的讀解問題寫10分鐘、
數學寫20分鐘、
社會的時事問題寫15分鐘，
總共是45分鐘！
我應該
可以做到！

▲ 孩子的思考還尚未成熟，只要把大目標細分成許多小目標，
他就覺得可以做到，也願意努力嘗試。

不過，由於孩子的大腦發展尚未成熟，因此，即使大人看來馬上就能完成的事情，孩子卻往往覺得非常困難，甚至花費很多時間，然而這也是沒辦法的事。

我在規定回家功課時，他們也常抱怨：「怎麼那麼多？」這時，我就把功課一項一項拆開，詢問學生：「做這項功課可能花多久？」、「你覺得要花多少時間？」、「總共得花多少時間？」

最後，學生往往表示：「竟然沒有想像中困難！」

除此之外，分次學習或是縮短單次的學習時間，也是不錯的方法。

再比方說，念書時，如果覺得準備學習用具很麻煩，那麼，從補習班回家之後，我建議可以先讓孩子把文具從書包拿出來放好。這是因為，**做好隨時開始用功的準備，無形中就能降低行動難度**。

重點提示

- 設定小目標，降低行動難度。
- 藉由分科拆解，減少單次的學習量、學習時間。

3-2 「If-then計畫」，學習量提升兩倍

如何讓行動變簡單？請看祕訣②。

我在2-5提到，要決定目標的期限、內容和程度。這裡要進一步說明，如何運用「If-then計畫」，激發孩子的動力。

「If-then計畫」是促進目標達成的一種方法。美國紐約大學教授彼得・戈爾維策（Peter Gollwitzer）、美國賓州大學（University of Pennsylvania）教授安琪拉・達克沃斯，以及美國哥倫比亞大學（Columbia University）商學院教授海蒂・格蘭特（Heidi Grant）共同進行研究，發現高中生運用「If-then計畫」後，暑假的學習量竟然提升兩倍以上。

「If-then計畫」的做法非常簡單，**只要決定「到○○的時候，就做**

○○」就可以了。

例如，每週一、三、五，在出門上班前運動三十分鐘。

其實，只要按照我在前面提到的五項原則制定目標，自然就是「If-then計畫」。

許多補習班發布回家作業，往往只交代內容和進度，卻沒有指示何時做。然而，如果沒有決定什麼時候做，大腦就會無所適從。結果，孩子雖然知道必須做功課、想做功課，最後卻往往毫無行動。

因此，除了安排內容和進度，也別忘了決定何時做。

具體制定學習步驟

接下來是本節重點。

我在前面提到，想讓「If-then計畫」發揮最大效果，執行計畫時必須盡可能具體。

也就是明確制定「在哪裡做？」、「如何做？」和執行的順序。

假設想要執行下述兩項學習計畫：

①每週四下午五點，開始寫算術作業。

②每週日，制定下週的行程計畫。

能如此制定計畫已經很好，但如果設定得更加詳細具體，會更有效果。

週四
下午五點
從房間拿出教材和筆記本，到客廳開始寫算術作業

▲學習計畫加上「什麼時候做」，
甚至決定「遇到什麼情況就做」，更有利於付諸行動。

①每週四下午五點，從房間拿出○○教材和筆記本，到客廳開始寫作業。

②每週日一吃完晚餐，就到書桌前打開行事曆，開始制定下週的行程計畫。

由大腦接收任務，才能付諸行動

只要事先設定詳細計畫，並且讓大腦接收執行任務的各個步驟，行動就能毫不遲疑。

省去遲疑和思考的工夫，大腦就無須消耗意志力。如此一來，成功執行的機率當然也就大幅提高。

即使面臨意外狀況，孩子也能按照「If-then計畫」繼續堅持下去。執行上遇到困難時，也會不斷嘗試，發揮意志力克服困難。

善用「If-then計畫」，執行理想中的行動吧！

重點提示

- 制定計畫時，除了內容和進度，也別忘了決定何時做。
- 事先決定「到○○的時候，就做○○」。
- 盡可能詳細制定計畫，大腦就可以專心執行任務。

3-3 不斷告訴大腦，做完A，就做B

雖然「If-then計畫」可以透過決定期限、內容和進度，激發孩子的動力，效果也非常顯著。但如何進一步發揮效用？

這裡要介紹另一種結合現有習慣的方法。

舉凡用餐、睡覺、刷牙和洗澡等例行事務，人都有各種習慣。應該有不少人習慣一回到家，馬上就開冰箱吧？大人拿啤酒喝，小朋友喝果汁，然後喘口氣放鬆心情。

而我提到的，在現有習慣加上新的行動計畫，實施起來其實非常輕鬆。

例如：吃飯的時候，一邊查詢食材產地，一邊學地理。

如此一來，孩子不但可以愉快的學習，也能長久持續下去。

我曾計畫「一邊刷牙、一邊拉筋」，最後成功養成習慣。最近，我還會在睡前做伸展操和拉筋。

或者是，也可以運用「做完A，就做B」的方式，連續建立數個習慣，例如：「早上一起床，練習寫一頁國語。之後，再做一頁算術練習。」

「這件事順利完成，下件事也會順利完成」——一旦成功建立起這種模式，一連串的習慣便會漸漸成形。

▲結合現有的習慣，孩子不但可以愉快的學習，新習慣也能長久持續下去。

我在3-2曾經提到，大腦如果不知道什麼時候做，就不會產生動力，導致錯失執行時機。但是，就算決定好時間，對於還沒有辦法掌控時間的孩子來說，往往無法順利按照計畫進行。

既然這樣，比起「幾點做」，不如改成「做完○○，就做」。如此一來，學生也能意識到「現在就該做」，然後付諸行動。

重點提示

- 在現有的習慣，加上新習慣。
- 孩子還小，無法明確掌控時間感。
- 不知道「什麼時候做」，不如決定「做完○○，就做」。

3-4 老想打電動？拔插頭、斷網路

明明想減重，卻無法抗拒甜食和酒的誘惑，一不小心就破功！你也有過類似的經驗嗎？

有動力，也有目的，卻輸給眼前的誘惑……任誰都有好幾次這種慘痛經驗吧！

孩子也是如此。希望提升成績，所以打算用功念書，卻往往被眼前的遊戲和電視打敗。原本想稍微休息一下，所以玩一下遊戲、看一下電視，但一不小心，就休息了好幾次，最後就變成壞習慣。

面對這種情況，即使責罵孩子也無濟於事。畢竟，孩子自己其實也有意願努力。

他們也覺得自己很不應該，並且希望能夠有所改善。因此，他們需要的不是責罵，陷入悲傷和懊悔，而是戰勝誘惑的方法。

接下來，我想告訴大家，那些表現優秀的學生，究竟如何戰勝誘惑。

對抗誘惑的最佳戰略，就是「不戰而勝」！

與誘惑正面對決，運用意志力打敗它？別傻了，不如讓自己待在誘惑少的環境，才更容易達成目標。

舉例來說，在職場工作時，點心最好收到抽屜裡，如果放在桌子上，吃掉的量竟然多出三倍！多費點力氣把點心收到抽屜，就可以避開誘惑、不戰而勝。

創造誘惑少的環境有多麼重要，你學到了嗎？

我在3-1提到，為了達成目標，必須降低行動難度。反過來說，**希望減少行動，則需要提升行動難度**。

為了增加念書時間，希望少看電視嗎？

準備電視罩，每次看完電視就蓋上電視罩。關掉主電源，插頭也拔掉更好。比起遙控器一按就可以打開電視，為了看電視必須撤掉電視罩、把插頭插好，再打開主電源的話，看電視的時間一定會大幅減少。

遊戲和YouTube也一樣。不玩的時候，就把裝置收到看不到的地方，眼不見為淨。即使孩子心血來潮想玩，如果還得特意準備一番，想玩的興致自然減弱。

此外，如果遇到同學熱情邀約，是不是很難拒絕？此時，不妨事先告訴對方：「除了星期○有空，其他時間都必須念書，不能出去玩！」

▲ 不要輕易接近誘惑。接受誘惑的過程越麻煩，越容易戰勝誘惑。

萬一誘惑無法避免，必須正面對決時，也得有對策，就是先決定好「If-then計畫」。

這是因為，如果在當下，才來想「該怎麼辦？」，通常都會以失敗收場。先決定理想行動，然後專心執行計畫，才更容易戰勝誘惑。

例如：「如果家人在客廳看電視，不要跟著一起看，趕緊回房繼續念書。」如此預想情況，事先決定對策。

如果能備好至少兩種戰略，被誘惑打敗的機率就能大

▲ 事先想好對策，就不會輕易輸給誘惑。

幅降低。

為了達到目的和目標，必須採取實際行動。面對阻礙行動的各種因素，也必須想辦法克服。

雖然電視和遊戲本身並沒有不好，但如果會影響學習，家長就必須控管看電視和玩遊戲的時間。

你也希望讓孩子適度享受休閒娛樂吧？那就更應該教會孩子如何對付誘惑。

重點提示

- 面對誘惑，必須不戰而勝。
- 創造誘惑少的環境。
- 預想逃不開誘惑的情況，事先想好對策。

告別遊戲的封印儀式

每逢考試將近，學生都會帶著遊戲機到補習班，這已經快變成補習班的慣例。我們收到遊戲機後，會放進補習班的金庫，舉行「封印儀式」。

這個金庫固若金湯，只有主任的指紋，才可以開啟。

我們沒有強制沒收學生的遊戲機，而是學生自覺差不多時候到了，就會主動拿給我們保管。學生會對遊戲機說：「明年再見！」然後暫別遊戲機。這種封印儀式，其實也很有趣。

孩子們很想考上理想學校，但是卻很難抗拒眼前的誘惑。假使最後終於戰勝誘惑，也可能因為耗費太多心力，反而不利於集中學習。

與其讓自己陷入天人交戰，不如眼不見為淨，更有利於集中學習。

舉行封印儀式後，孩子們也能夠果斷放下。一段時間後，他們大多表示已經習慣不玩遊戲。

說到底，即使是玩遊戲，也是因為習慣玩，才會一直想玩。各位家長，不妨也創造一個看不見誘惑的環境吧！

第 4 章

建立習慣要多久？只要18天

一旦了解人的習性，建立習慣將易如反掌，還可以長久持續下去。

老師！我家小翔最近變用功了！
喔喔！
恭喜！
制定容易達成的小目標和 if-then計畫，孩子很快就主動去念書！
總是罵孩子「要用功」、「趕快去念書」，他們根本當耳邊風！大人搞不好也是這樣……。
不知道能否撐到考試結束……。
確實如此。

好不容易踏出第一步，
一定要讓孩子再接再厲，
養成好習慣！
這得有不凡的耐力吧？
耐力不是關鍵。
一味的忍耐不是長久之計，
要讓孩子自然樂意去做
才行，但這需要方法！
原來如此！
如果孩子樂意去做，
變成習慣就好了吧！
馬上為妳說明方法！

4-1 不想改變，本是大腦的天性

接下來，我要為大家說明建立習慣的祕訣。

為了達成目的或目標，必須建立許多好習慣，但我們都知道，一開始往往是最困難的階段。

這是因為，很多習慣都是下意識的一種行為模式，而且大腦會依照「是否有利生存？」來判斷行動的好壞。因此，當我們沒有生存危機時，大腦便會判斷，只要維持現有的行為模式，就可以繼續生存下去。

提升成績該有多好、考試通過該有多好，或是想要變成有錢人，這些大腦都不在乎！

「成績變差又不會死。」

「沒錢又不會死。」

這才是大腦的價值觀。

一旦想做出不同以往的行為，大腦就會加以阻止，並下達遵照既有行為模式的命令。

不過，只要度過這段辛苦時期，成功建立新習慣之後，我們自然能持續下去。

舉例來說，剛考完試的考生，每天為了考試拚命念書，突然不用上補習班、也沒有作業，總覺得心裡很不踏實。這時如果開始學別的東西，自然能夠繼續維持下去。

就好比踩腳踏車，剛開始踩的時候最吃力，到了一定速度後，即使不踩踏板，也可以繼續前進。

▲ 想養成習慣，越困難的任務，越耗費時間。
不過，一般來說，持續兩至三個月，大概都能夠成功。

習慣分三種層次：行動、生活、思考

成功建立習慣要花多久時間？

根據英國倫敦大學（University of London）學院研究，建立習慣最短需要十八天、最久長達兩百五十四天。這要看建立什麼習慣，越困難的任務，越得花上更多時間。

「為了健康，每天早上起床都喝一杯水」這種單純的行動，馬上就可以養成習慣；「為了健康，每天做腹肌運動」這種級別的任務，就得花上許多時間。

再比如，我帶學生的時候，要求他們每天讀書，這項任務也還算簡單。但如果是要他們每天早起（改變生活習慣），就得下一番工夫。還有，如果是「不要在意輸贏，自己的成長最重要」這種改變思考習慣的目標，就更花費大量時間。

任務的難度不同，建立習慣所需的時間也不同。
不過，一般來說，大概都得持續兩至三個月，才能成功建立習慣。
建立習慣的祕訣，你學到了嗎？一定要撐過一開始最困難的時期。

重點提示

- 建立習慣一開始最困難，一旦上軌道就會變輕鬆。
- 「單純的行動」➡「生活習慣」➡「思考習慣」，越後面，難度越高。
- 要建立好習慣，最少需要持續兩至三個月。

4-2

孩子總是半途而廢？創造即時滿足

「想瘦下來，變得受歡迎」、「想努力用功，讓成績變好」，許多人明明有明確目標，卻無法堅持下去。大家新年立下的新年目標，最後也大多無疾而終吧？你也是三分鐘熱度的人嗎？

不過，也有人養成好習慣，然後一直持續下去。能夠堅持下去的人和別人究竟有何不同？問題是出在意志力嗎？

其實，還有比意志力更重要的因素！

最大的差別就在於，「即時滿足」（按：另一種是延遲滿足〔deferred gratification〕，指為了獲得以後的享受，可以克制自己的欲望，放棄眼前的誘惑）。這項心理學概念，源自於我在前面章節，曾提過的美國芝加哥大學凱特琳教授和艾雅蕾特教授所做的研究。

有「即時滿足」，才能再接再厲

根據前述研究，「改善健康」和「讓自己變瘦，穿得下小一號的褲子」，都是需要一段時間，才能看到成果的目標，也就是延遲滿足。另一方面，雖然有認真在運動和節食，卻無法堅持下去，這就是最典型的——有目標卻提不起勁。

那為什麼有些人卻可以持續下去？

這是因為，他們會找朋友一起運動，或是跳有趣的健身舞蹈，藉此得到即時的樂趣和價值（即時滿足）。

請試著思考一下「用功」這件事。拚命做功課，之後考試答題順利，最後取得好成績（回饋）。這段過程是不是很漫長？難怪養成念書習慣的孩子那麼少！

究竟該怎麼辦才好？

建議大家不妨刻意創造「即時滿足」，例如：找夥伴（朋友或家人）一起念書、運用有趣的學習軟體和學習道具等。

把念書當遊戲對戰，增加孩子的成就感

設定進度也是方法之一。

對孩子來說，確認執行進度和剩下多少時間，就好像玩遊戲一樣有趣。

▲ 找到學習夥伴互相切磋，或是把學習當作遊戲，都可以讓學生從中獲得即時滿足，並且再接再厲。

所謂遊戲，不僅有任務、時間限制（分數），還有得分（分數）。舉足球和籃球來說，沒把球投進籃框就不會得分。棒球的話，選手必須跑完一整圈，回到本壘才能得分。

但如果沒有時間限制、比賽不計分，沒有輸贏的話，會變怎樣？大家一定會失去幹勁，變得鬆懈懶散。

反過來說，如果有設定時間限制和計分，就算是百格計算（按：日本著名教育學者陰山英男所開發的特殊練習方式，目的在於訓練學童的基礎運算能力），也可以變成好玩的對戰遊戲。

即使只有一個人，也可以自行設定任務、時間限制和條件（分數），讓念書變成好玩的遊戲。如果在時間內順利解決任務，就會非常有成就感。

「太好了！我做到了！」這種成就感會變成即時滿足，然後促使孩子們再接再厲。

除了解題數目和念書時間，寫字和寫算式，也可以設定目標。不過，得先明確制定客觀規則，比方說，怎樣才算寫得好？

例如：按照筆記本的橫線寫字、把零和六寫清楚，讓人一看就認得出等。

又比如，就像體操和花式滑冰一樣，可以規定「做到○○，就得○分」。

制定具體規則後，最好同時也設定評分標準，否則容易流於主觀，反倒引發爭執。

遊戲想玩得開心，就一定要有客觀規則。確實按照規則計算得分，才可以讓孩子像遊戲過關一樣得到成就感。

想要建立好習慣，過程需

▲ 為念書方式制定客觀規則，達成目標後產生即時滿足，就有動力持續下去。

要很多成就感支持，因此獲得及時滿足也就顯得相對重要。
目標設定了嗎？計畫進展得如何？趕緊確認看看吧！

重點提示

- 有目標卻提不起勁很常見。
- 創造即時樂趣、即時滿足。
- 藉由確認計畫的進度，讓孩子獲得成就感。

4-3 給獎勵，確實可提高念書意願

行動想要持續下去，需要不斷獲得即時滿足。

為了獲得即時滿足，可以找夥伴一起念書，利用學習軟體和道具，或是確認計畫的進度，都是很有效的方法。

如果孩子對這些方法都沒興趣，怎麼辦？不妨試試獎勵。

如果孩子有好好用功，就給他獎勵吧！

不少學生表示：「念書後如果有點心吃，或是有零用錢當獎勵，我就願意努力！」

或許有人質疑，利用獎勵誘導孩子念書，這樣真的好嗎？

美國哈佛大學經濟學教授羅蘭・弗萊爾（Ronald Fryer）曾經做過相關實

驗，證實獎勵可以提高孩子的念書意願，並有助於改善成績。所以，請善用獎勵鼓勵孩子吧！

許多家長擔心，獎勵會不會反而讓孩子失去念書的動力？其實，這種情況確實可能發生。

不過，一般來說，只在某些情況下，才可能發生這種狀況（相關說明請參考6-2）。

那麼，到底要用什麼方式獎勵才好？

國小以下的孩子，代表榮譽的獎盃和獎章很管用。在我的補習班，也會頒發獎牌給用功的學生。

至於升上國高中以後，比起獎牌，**金錢獎勵更有效**。

聽到把零用錢當獎勵，許多家長應該很牴觸吧？不過，根據弗萊爾教授的問卷調查，發現**孩子努力後得到金錢獎勵**，不僅不會隨便拿去玩樂，反而會用在更有意義的地方。

這是因為，他**除了給孩子金錢當獎勵，同時也發下「零用錢記帳本」**，教他們如何管理金錢。孩子們透過努力獲得金錢，也能學到金錢得來不易。從教育上來看，給孩子金錢當獎勵，說不定是一舉兩得。

如果孩子有想要的東西，或是想做的事，都可以拿來當作獎勵。我曾經聽過一則例子，家長告訴孩子：如果做完一本練習題，晚餐就可以點自己想吃的料理，結果那名學生竟然變得非常用功。

不過，**拿電視和遊戲當**

▲ 對於小學生來說，給象徵榮譽的獎牌和獎盃很管用。

獎勵是雙面刃，孩子一沾上就欲罷不能，因此一定要小心！**只有確實遵守規則的孩子，才可以使用這種獎勵。**

我教過的學生當中，有些人對零用錢無動於衷，後來我告訴他：「做完○○，可以玩遊戲五分鐘。」也就是學習越多，就可以玩越多遊戲，結果他真的拚盡全力學習。

不過，也有不少人玩得太沉迷，時間到了也不停止，反而產生負面效果。用電視和遊戲當獎勵，一定要十分謹慎。

你的孩子適合哪種即時滿足？不妨多方嘗試吧！

我們的最終目標，其實是讓孩子學會自我獎勵。一直依賴別人給獎勵，才決定自己要不要努力，這可不是好現象。

教孩子產生內在動力並為自己負責，這才是我們的期望。

重點提示

- 孩子有念書就給獎勵。
- 對小學生來說，給獎章和獎盃比金錢更管用。
- 最終目標是讓孩子學會自我獎勵。

4-4 考試完，要檢討「會做的題目」

我們已經了解，善用即時滿足，有助於孩子建立念書習慣。接下來，我想跟大家分享，如何進一步提高學習意願，讓習慣發揮更大效用。

念書這件事，首先得用功，才能取得好成績。由於過程實在漫長，能夠努力不懈，耐心等待結果的孩子並不多。

但只要善用即時滿足，就可以解決這個問題，讓孩子持續用功。

雖說如此，還是有可能會遇到其他問題。

比方說，孩子好不容易想用功念書，卻因為目標實在太遙遠，使他們感覺不到當下的努力與目標有何關聯，導致喪失動力。

因此，我們一定要讓孩子了解，當下的行動與目標確實有關聯。**確認進**

度、**確認努力的成果和自我成長**，都是很好的方法。

檢討考試答案，就是很好的例子。

檢討考卷時，遇到不會的題目，大多會去翻教科書和教材，尋找類似的題型吧？題目解開後，不會的題型又少一種，同時內心也會暗忖：「如果早點會這題就好了，下次要多做題庫！」

其實，**即便是寫對的題目，也要確認有哪些類似題型**。當孩子發現「**就是這題有做過，所以考試才會寫**」時，心情便會大受鼓舞，並且下定決心再接再厲。

這就是關鍵所在。

努力後得到成果，如果沒有加以確認，我們就不會知道原來自己的行動與結果如此密切相關！

雖然考試結束後習慣先檢討不會的題目，這種想改善的心態，是人之常情，**不過，確認已經會的題目，更能夠提升動力**。

比起獎勵，更樂於自我成長

長期保持良好的念書習慣，成績自然會逐漸進步。孩子也能了解，努力與結果息息相關。看著成績進步，同時確認自己離志願學校或目標成績越來越近——這種「即時滿足」的成就感，會激勵孩子再接再厲。

在我的補習班，如果學生確實完成作業或是有寫學習日記，我會給他們獎勵點數，集滿就可

▲ 考試後，檢討「會的題目」，
學生才能實際體會念書（努力）與結果之間的關聯。

以換點心或是文具用品。孩子一開始會為了獎勵點數認真寫作業，但久而久之，有些人就不再追求獎勵點數，而是轉而注意成績和自我成長。對多數孩子來說，課業成就的喜悅，遠大於獎勵點數。

當孩子能夠實際體會到，努力與成果息息相關，就會更樂於行動。即使是微小成果，也值得自我肯定。

重點提示

- 努力的過程太漫長，容易使人喪失動力。
- 即便是寫對的題目，也要確認有哪些類似題型。
- 讓孩子了解努力與成果息息相關。

專欄

對他說：「你做得很好」，他就會重複一次

在某次的親子座談會，家長曾與我分享一則例子。

我兒子是小學四年級，字一直寫得很不好，其實他本人也很想把字寫好。他在學校寫「今年的抱負」作文時，也許願想把字寫得漂亮，但是依然慘不忍睹！

某天，他正在寫國語練習作業，竟然把「兵」這個字寫得很漂亮。我驚訝的問他：「這個『兵』怎麼寫得這麼漂亮，是用尺寫的嗎？」他回答：「不是。」於是我誇獎兒子：「寫得真漂亮！跟範本的字一樣端正！」

又有一天，兒子把「大波斯菊」這四個字寫得很漂亮，我

又誇獎他：「字怎麼寫得這麼好！你已經可以寫得很棒！」

後來，我看了他的國語練習本，整體看來只有二〇％寫得比較潦草而已（以前約有九五％很潦草）。

一直以來，我只會糾正兒子：「寫字認真一點好嗎？」、「字不要寫超出橫線。」但自從我開始誇獎兒子，才過一週而已，竟然有這麼明顯的改善！

一味的糾正似乎成效不大。當孩子被誇獎時，他會想：「我現在做得很棒嗎？那再做一次吧！」

當孩子表現好受到認可，就會得到即時滿足，願意繼續再接再厲。**比起糾正錯誤，鼓勵孩子維持好表現更重要。**

第 5 章

孩子愛拖延、三分鐘熱度？這樣訓練不NG

如何運用小祕訣加速建立習慣，以及有哪些 NG 因素。

我兒子的學習狀況很不穩定。
怎麼說？
表現落差很大。
原來如此……
可以再具體一點嗎？
拖延症上身、成績考好就鬆懈、考壞就擺爛……。
再五分鐘寫功課
算了，先玩再說
哈哈
學生都這樣！
是不是意志力太差？
別擔心！這種情況很常見。

真的嗎？不是只有我家孩子這樣？
沒錯！
幾乎所有家長都有這種煩惱！
沒辦法糾正他嗎？我該怎麼辦……？
其實有解決方法喔！
首先，妨礙習慣建立的NG因素，一定得排除！此外，加速習慣建立也有小祕訣，趕緊照做就好！
危險
加速
拜託告訴我祕訣！

5-1 功課不要一天全寫完，要分四天

想要加速習慣建立，關鍵就在頻率。

刷牙、洗澡等日常習慣，我們幾乎不會產生抗拒感。不過，對於偶爾為之的事，卻會覺得很麻煩。

念書也一樣。**比起一週念書一次，每天都念書會更輕鬆**。

加拿大維多利亞大學（University of Victoria）的研究團隊，曾經針對頻率對習慣建立的影響進行研究。

他們找來一百一十一名開始上健身房的民眾，進行為期十二週的觀察，探討持續健身與放棄健身的人，兩者有何差異。結果發現，**成功建立習慣的關鍵，在於「頻率」**。一週上健身房越多次，十二週以後，持續健身的機率

▲ 根據研究，一週上健身房超過四次的人，
更容易養成習慣。亦即，頻率會加速習慣建立。

也越高。

尤其是一週超過四次，維持習慣的機率也大幅提升。

這項研究同樣證實，**人會依本能重複相同行為**。

每天做一點點，就會變成習慣

根據我的指導經驗，也是得到相同結論。

國小四年級的孩子，一週只上兩次課，作業量也不多。國小六年級的孩子，一週有五、六天到補習班，還得寫很多作業。不過，許多六年級的學生卻表示「喜歡到補習班」、「學習很有趣」。

由此可知，**人的行為不是只因為「有趣⬇去做」，也可能因為「去做⬇變有趣」**。

即使功課沒有很多，也不要急著一天就做完，盡可能每天或是**一週至少分成四天以上**，才可以輕鬆持續學習。

▲ 想要建立讀書習慣，不妨把一天份功課分成四天做。

低年級的孩子雖然還沒上補習班，但最好也**養成每天在書桌前念書的習慣**，即使只有五至十分鐘也無妨。

重點提示

- 頻率可以加速建立習慣。
- 功課不要一天做完，至少一週分成四次。
- 低年級的孩子，要養成在書桌前學習的習慣。

5-2 規定他每天都做一點點，就不會拖延

「有點麻煩耶，晚點再做也沒關係吧？」連我們大人也會這樣想吧？這種拖延症，是習慣建立的大敵！

因為拖延累積許多功課，之後雖然可以加緊補回來，卻跟前面提到的「增加頻率」的做法不同，反而不利於建立念書習慣。長遠來看，全部累積再一起做，根本弊大於利。萬一補不回來，不就慘了？

不過，很多孩子都會犯這種錯誤，而且還是好幾次，總是說：「明天我一定會做！今天就輕鬆一下吧！」結果不斷陷入惡性循環。

為什麼人會經常犯這種錯誤？因為對未來過於樂觀！

美國威斯康辛大學（University of Wisconsin-Madison）教授羅賓・坦納（Robin Tanner）與美國杜克大學教授科特・卡爾森（Kurt Carlson），曾共同進行一項實驗。

他們把受試者分成兩組，並對其中一組詢問下列問題：

「下個月，你打算一週做幾次運動？」

對於另一組，他們則稍微改變詢問方式：

「如果狀況好的話，下個月，你一週可以做幾次運動？」

結果顯示，兩組的回答竟然差異不大！不僅如此，即使請受試者考量自己的能力再作答，他們的回答還是非常樂觀。

當我們思考未來時，往往認為以後一定比現在更有時間。其實我也一樣。年復一年，我總期待明年的工作一定會更輕鬆。而且，總覺得現在不想做也沒關係，反正之後一定會做。

實驗結束後，請受試者回報實際運動次數，果然比原先預測的還少。後來，教授又對同一批受試者問了下列問題：

「接下來的兩週，你打算做幾次運動？」

受試者們似乎企圖挽回上次尷尬的結果，紛紛把次數提高。當然，他們最後還是沒有做到。

所以說，訂目標一定要考慮自己是否做得到才行。

其實，很多考生都有類似問題。功課忘了做，就說明天會寫好，但真正做到的卻少之又少。

遇到這種拖延症，該怎麼辦才好？

方法就是，規定「每天都做」。

不想再有時有做，有時沒做嗎？那就規定每天要做，這招對付拖延症最有效。

今天念書一小時，明天、後天和大後天，每天都念書一小時。不久，孩子就會意識到日積月累的差距非常驚人。

孩子還會發現，原來每天念書一小時有多麼重要。

在我的補習班伸學會，每週的導師時間，都會讓孩子確認一整週的學習時數。升上小學六年級後，我們還會要求孩子倒數考試天數，提醒他們剩下多少時間

▲ 規定每天都要念書。
一旦發現日積月累得到多少成果，就會知道每天念書的價值。

可以念書。讀書的時間雖然會日漸減少，但如果每天花更多時間念書，等於無形中爭取到更多時間。

這對孩子是一大鼓勵。

考生以外的孩子，如果只是學才藝，應該很難每天固定學習吧？不過，請盡可能讓孩子維持每天固定學習的好習慣。

堅持下去，孩子總有一天會體會到習慣的力量。

重點提示

- 拖延症是習慣建立的大敵。
- 最好的方法是，規定「每天都做」。
- 確認一整週的學習時數，藉此了解累積的成果。

5-3 發現自己有進步就會想偷懶

今天才看到孩子「很努力」覺得很欣慰，隔天卻發現他比平時更懶散，這種極大的反差，你有見識過嗎？我帶過很多學生，經常遇到這種情況。

這其實是人性。明明朝著目標前進，卻往往做出離目標越遠的行動。從心理學來說，這叫做「道德許可」（moral licensing）效應。

人只要做好事，心情就會變愉快。不過，多數時候也會產生做點壞事也無妨的想法。

這種人性傾向，也是習慣建立的大敵。

美國芝加哥大學（University of Chicago）商學院教授艾雅蕾與美國耶魯大學管理學院教授拉維．達爾（Ravi Dhar），曾以一群減重的人為對象，進行意志力測試。

首先，他們找減重順利的參加者前來面談，之後告訴他們：「蘋果和巧克力棒，請選一種當獎勵。」這時，一部分的參加者，開始確認自己的減重成果。

確認自己減重順利的參加者，八五％選擇了巧克力棒，而不是蘋果。

至於無法確認自己減重成果的參加者，只有五八％的人選擇巧克力棒。

「無論哪種情況，選擇巧克力棒的人還是很多」，這項結果顯示人的意志力很薄弱。不過，我們也發現，更多**人在確認自己有進步後，會變得想要放縱自我**。

目標進展順利時，卻沒有再接再厲，反而鬆懈下來，真的很可惜！

至於學業方面，其他實驗也得出相同結果。**當學生自覺已經花好幾個小時準備考試，當晚和朋友出去玩的機率就會變高**。

到底該怎麼做，才可以避免產生這種負面效應？

避免偷懶，要再次確認目標

方法就是再次確認目標。

根據香港科技大學與美國芝加哥大學的研究，當學生回想自己如何克制誘惑的過程，就會產生道德許可效應，而且有七〇%的學生會做出放縱自我的行為。

不過，如果再詢問學生：「為什麼可以戰勝誘惑？」卻比較不會產生道德許可效應，放縱自我的學生也大幅減少至四一%。

這是因為，再次確認目標可以產生很大的力量。

尤其是，準備考試的學生，原本在補習班就得長時間念書，回到家後，他們還得複習和做功課。

一番努力過後，他們心裡自然會產生「我都已經這麼努力了，應該可以獲得一些獎勵（看電視、玩遊戲）吧」！

▲ 回想自己為什麼努力到現在，再次確認目標，堅持下去！

如果一時大意，臣服於誘惑，堅持許久的努力或許就會功虧一簣。當孩子不想再努力的時候，不妨請他暫停一下。與孩子共同確認目標，請他再次回想自己努力的過程！

這樣做，一定可以防止出現道德許可效應，讓孩子繼續堅持下去。

重點提示

- 人只要確認自己有進步，就會想要放縱自我，此時請讓孩子回想並再次確認目標。
- 請孩子想一想：「自己為什麼努力到現在？」

5-4

「管他的」效應，孩子容易自我放棄

努力過後，人會掉以輕心，以至於放縱自我。那麼，失敗過後，人會振作起來，重新努力嗎？

很遺憾的，基本上是不可能，因為這是人性。

人一旦遭遇失敗，就會意志消沉，陷入自責。不僅無法振作努力，還可能因為想要排解苦悶，做出更糟糕的行動。

減重失敗好沮喪，所以大吃一頓；戒酒失敗好懊惱，所以乾脆狂喝一頓；省錢失敗好生氣，乾脆亂買一通。

「反正這次已經無法達成目標！那就徹底放縱一下吧！」

從心理學來說，這叫做「管他的效應」（what-the-hell effect）。回顧自己以往的行為，你應該也心有戚戚焉吧！

孩子在學習時也會出現這種惡性循環。例如：

- 電視看太久⬇功課做不完⬇反正做不完，那就不要做，乾脆放縱自己⬇看更多電視。
- 遊戲玩太多，學習沒進步⬇考試考不好⬇心情消沉⬇為了逃避現實，玩更多遊戲。

為了避免成績下滑，即使功課做不完，比起完全擺爛，至少也得做一半或三分之一。即使孩子早就知道這個道理，但心裡還是覺得管他的，乾脆完全擺爛。這種學習心態，真是要不得！

建立念書習慣也是一樣。如果因為無法按照目標行動，選擇「今天做不到，乾脆去玩吧」，或是「做多少算多少」，結果會大不相同。

接受失敗的自己

這種「管他的效應」，究竟有沒有辦法避免？**方法就是學會「自我疼惜」**（Self-Compassion）。

失敗後覺得內疚沮喪，才會產生「管他的效應」。因此，只要消除失敗後的負面情緒，就可以有效解決問題。

遭遇失敗時，比起自我批判，不如用寬容的態度面對——承認失敗是自己的責任。

▲ 人在失敗時，往往會自責，
此時要學會自我原諒，否則會陷入自暴自棄。

如此一來，也比較容易聽取別人的意見，並且從失敗中學到寶貴經驗。

加拿大渥太華（Ottawa）的卡爾頓大學（Carleton University），曾經對一百一十九名大一學生進行調查，同樣證實這項論點。

整個學期，他們把學生準備考試如何偷懶，全部都記錄下來。第一次考試時，很多學生沒有認真準備，所以考得悽慘無比。

他們開始觀察，學生經過這次失敗後，會如何改善念書習慣。**沒把考前偷懶放在心上的學生，接下來面臨考試時，摸魚的機率確實下降**。另一方面，**越是懊悔第一次考試沒準備好的學生，下次考試竟然又重蹈覆轍！**

換句話說，人一定要學會原諒自己。

不責備，要溫和鼓勵

家長和指導者，該如何協助孩子？

研究證實，溫和鼓勵最有效。

美國路易斯安那州立大學（Louisiana State University）的心理學家克萊爾．亞當斯（Claire Adams）與美國杜克大學的心理學家馬克．利瑞（Mark Leary），曾以減重中的女性為對象進行實驗。

實驗方法是這樣的。

首先，他們召集一群很在意體重的年輕女性到研究室，然後以調查食物對情緒的影響為由，讓她們吃下甜甜圈，再喝下一整杯水，使她們覺得吃得好飽，進而衍生罪惡感。之後，他們發下調查問卷，讓這群女性寫下當下的心情。

接下來才是真正的實驗。

這次實驗的目的，是想測試受試者在協助試吃的狀態下，能夠發揮多少意志力，是否可以克制自己少吃一點？如果對於先前吃下甜甜圈，肚子很飽而產生罪惡感，在自我放棄的心情下，肯定會吃過量吧！

這時，實驗負責人對部分女性溫和安撫：

「請不要責怪自己！這項研究中，大家都有吃甜甜圈。只吃一點而已，沒關係的！」

至於其他女性，實驗負責人沒有對她們說任何話。

試吃結束後，實驗負責人把裝著點心的玻璃碗拿去秤重，計算受試者分別吃了多少點心。

沒有被安慰的女性，平均每個人吃了將近七十克的點心，**被溫和安慰的女性，平均只吃了二十八克的點心**（一個巧克力大約七克）。

吃了甜甜圈的罪惡感，讓受

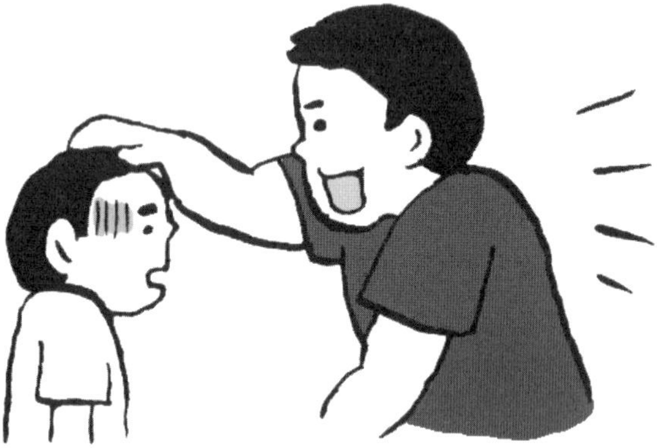

▲ 當孩子遭遇失敗，與其置之不理或是責罵他，不妨給他溫和鼓勵，讓孩子振作起來。

試者很想乾脆放縱大吃，但**在接受安慰消除罪惡感後，又找回了自制力**。

請記住，為了引導孩子表現理想行為，與其責罵，不如給予溫和鼓勵。

孩子每天都朝著大大小小的目標努力，但是不一定每次都會成功達成目標吧？

這時，你會對孩子說什麼呢？

重點提示

- 人一旦遭遇失敗，就容易變得自暴自棄。
- 消除懊悔消沉的負面情緒。
- 孩子遭遇失敗會產生罪惡感，要用溫和鼓勵代替責罵。

5-5 一週一次，寫下感謝的人或事

5-3 和 5-4 提到，如果進展順利，志得意滿就會栽跟頭。一旦遭遇失敗意志消沉，便容易陷入自暴自棄。

對家長來說，這種情況，簡直就是「前門拒虎，後面進狼」（按：比喻禍患接踵而至）。

想要成功，就必須學會控制情緒。

除了減少情緒起伏，保持平常心外，還需要注意什麼？

這一節要談的就是這個主題。

根據近年研究，感謝和體貼能有效提升自制力。

至於為什麼？因為感謝和體貼，是人與人和諧共處的情感，所以有助於

提升自制力。

遠古環境存在許多強大生物，人類祖先在群體生活中，透過彼此互助合作，才得以存活下來。也就是說，如果人類無法互助合作，就不可能倖存至今。

但與同伴互助合作，往往需要壓抑自我需求。如果有人因為肚子餓，搶走同伴的食物，他的下場就是被群體驅逐，最後難逃一死。心懷感謝、體貼，為了同伴願意克制自我需求的人，因為得以互助合作，才能在殘酷的環境中生存下來。

這群懂得互助合作的人類，就是

▲ 一週寫一次，寫下想感謝的事。

我們的祖先。身處現代社會的我們，也繼承了這種互助合作的能力。

美國加州大學河濱分校的研究團隊，也曾經做過相關研究。他們分別讓受試者寫下想要感謝的事、一天的日記與感到幸福的事。

結果發現，寫下感謝的事的受試者，自制力會變高，也比較不容易受到誘惑影響（詳細請參考第一九〇頁）。

這個方法簡單有效。親子之間，也可以寫下感謝的事。即使一週只寫一次，也很有幫助。一天找到一項，或是一週找到三項值得感謝的事吧！

重點提示

- 感謝和體貼有效提升自制力。
- 人類天生會互助合作，要多加善用這項能力。
- 一週一次，寫下感謝的事。

5-6 揪同儕學習，成功率高出一．五倍

本章最後，要介紹建立習慣的最強方法，就是借助同儕力量。

數年前，我為了身體健康開始上健身房。不過，沒多久就開始偷懶，沒辦法保持運動習慣。當時我有一位好友，身體狀況不太好，所以我就約他一起上健身房。

我跟他約好每週三是健身日，然後一起上健身房。從那之後，我固定都會上健身房。即使偶爾不想去，也會因為已經與朋友約好，最後還是乖乖到健身房報到。

學習和運動都一樣，只要開始做，就會產生興趣，最後變得樂在其中。找同伴一起努力，對於持續確實大有幫助。

團隊合作，有助於提升忍耐力

對多數人來說，同儕確實存在很大的影響力。

美國賓州西徹斯特大學（West Chester University of Pennsylvania）的研究團隊，曾經以學生作為實驗對象。他們把學生分成好幾組，然後分別設定不同條件，調查「在何種條件下，上健身房的次數會增加」。

- **給獎賞**：一次持續三十分，一週運動三次以上，就有機會抽中禮券。
- **組成團隊**：隨機分配搭檔，團隊的兩人都要達成運動目標，才可以參加抽獎。
- **相互競爭**：每週三用郵件告知其他人的達成狀況，製造緊張感。只要自己達成目標，就可以參加抽獎。

▲ 如果孩子可以找到一起努力用功的夥伴，
就會投入更多時間念書，成績也容易提升。

這些條件當中，給獎賞和相互競爭都出現一定效果。

不過，效果最好的卻是組成團隊。揪夥伴一起上健身房的次數，要比個人去的次數多出一．五倍。

前述實驗，是調查做必須做的事，比方說上健身房，如果有夥伴相陪，會產生什麼影響？另外，也有針對忍耐力做過相關實驗。

德國馬克斯．普朗克進化人類學研究所（Max-Planck-Institut für evolutionäre Anthropologie），曾經運用棉花糖實驗做進一步研究。

首先，他們讓孩子兩人一組，彼此玩耍熟悉後，一半的孩子進行普通的棉花糖實驗，也就是告訴孩子：「現在忍住不吃餅乾，等下會再給一個餅乾。」另一半的孩子，則實施團隊實驗。他們告訴孩子：「你和隔壁房間的朋友，兩個人如果都忍住不吃餅乾，就會各自再給一個餅乾。」

考慮到文化差異，研究團隊分別在德國和肯亞進行實驗。結論顯示，即使兩地文化不同，**組成團隊的孩子，都變得更善於忍耐**。

揪同學一起念書，有效增加念書時間。

無論大學生或小朋友，目標是運動，還是忍住不吃糖果，即使狀況完全不同，「人只要有同伴，就會更努力」這點卻完全一致。

因此，想讓學生養成念書習慣，或是克服遊戲、電視的誘惑，不妨揪夥伴一起行動。我的補習班裡，如果孩子找到一起念書的同伴，往往會投入更多時間念書。

可以為了別人而努力，是我們身為人的美好本質。多和親子、朋友，一起建立努力的團隊吧！

重點提示

- 找夥伴一起努力，有利於持續。
- 無論文化差異，孩子如果組成團隊，就變得善於忍耐。
- 孩子找到夥伴一起努力，念書時間就會增加。

專欄

打破三分鐘熱度的最佳方法

本書提到的習慣建立方法，我本身也親身實踐過。個人覺得，建立中長期的好習慣不難，但如果要長久持續就很困難。

舉運動來說，我有鍛鍊肌肉和慢跑的習慣，但是持續一段時間後，就會產生厭煩感而停止。過一陣子心血來潮，又會開始鍛鍊肌肉和慢跑，持續數個月後，又會再度停止。

我一直安慰自己：「我沒有三分鐘熱度，持續數個月已經很了不起！」不過，對於這種週期現象，我也深感無奈。

不只是我，很多人都會遇到相同問題。研究也證實，面對日常習慣等例行事務，比較會產生疲乏。也就是說，千篇一律容易讓人喪失動力。

當事情做起來，不再覺得辛苦和痛苦的時候，也會喪失喜悅和成就感。心情於是變成「不是不想做，只是覺得沒必要特地做」。

以我來說，一段時間沒運動後，我的體重就會增加。當有減肥理由的時候，我又會再度產生動力。

想要長久保持習慣，一定要想辦法打破千篇一律。設定新的目標或是參加模擬考試、參加比賽，都是不錯的方法。

第 6 章

家長越是一頭熱，孩子反應越冷

想幫助孩子，就得保持適當的距離感。家長要調適心理，還要用對方法，才可以引導孩子獲得成功！

我家小翔，在補習班好像找到念書的夥伴了，而且念書的時間也變長了。
感情雖然很好，但也會互相競爭。
找到有共同目標的夥伴，確實可以好好努力。我一個人上健身房的時候，也無法持續很久。
我不行了……
哈哈哈
我真是充滿期待啊！
STOP!
小翔媽媽，我了解妳的心情。不過，家長如果過於一頭熱，孩子反而會失去興致。
分寸好難拿捏啊……
千萬不要忘記，家長只是從旁協助而已！

對了，有獎勵是不是比較好？
考試還沒到，心情有時候會太放鬆。
不過，給東西當獎勵不好吧？
獎勵要看怎麼用！
怎麼說？
如果可以引導孩子發現學習的樂趣和價值，用獎勵也無妨！
容我為妳說明吧！
麻煩你了！

6-1 好處要很久才能得到？他不想理你

在最後一章，我想告訴各位家長，幫助孩子建立習慣以前，應該要有哪些心理準備。

第一項心理準備，就是「**面對遙遠的目標，孩子無法努力很正常**」。

「明明自己說要參加考試，卻不認真念書。」

「嘴上說要考〇〇學校，卻毫無行動。」

家裡有參加考試的考生，都有這類共同煩惱吧？例如，考高中或大學，多少也有這種情形。

這是因為，越是很久以後的事，在人心中的價值感就越低。從心理學來說，這叫做「時間貼現」（delay discounting）。

舉例來說，「馬上得到一百萬日圓（按：全書日圓兌新臺幣之匯率，皆以臺灣銀行在二〇二二年公告之均價〇．二一六元，約新臺幣二十一．六萬元）」與「五年後得到兩百萬日圓」，你會怎麼選？比起五年後得到兩百萬日圓，多數人寧願馬上得到一百萬日圓！也就是說，後者的價值感遠不如前者。

不過，如果把「馬上得到一百萬日圓」改成「八十萬日圓」，大家可能就會非常猶豫。因為兩百萬日圓的價值，一下子被扣掉一百二十萬日圓，相當於打了四折。

假設問孩子這個問題，多數孩子都會選一百萬日圓。不過，如果換成三年後兩百萬日圓、一年後兩百萬日圓、半年後兩百萬日圓，結果又是如何？每位孩子的選擇都不一樣。這表示，每個人價值觀不盡相同。

與金錢同樣道理，如果問孩子：「現在馬上玩三十分鐘的遊戲，或是等到週日玩一個小時的遊戲，你要選哪個？」他們也會猶豫不決。如果已經是週六，或許還願意等待，但換成週四或是週一，可能就等不了吧？雖然每個人的狀況都不同，但無論如何，人的行為多少會受到時間貼現的影響，這是本性使然。

在孩子的心裡，「未來考試合格」與「眼前的遊戲和電視」就放在天平的兩端。**距離考試的時間越遠，考試合格的價值就會被打折扣，重要性跟著下降。**

孩子的一年，遠比大人的一年還漫長

孩子的時間感，會加重時間貼現的影響。很多人常說：「長大以後，覺得時間過得好快！」你也有這種感覺嗎？

對大人來說，一年一下子就過了，但對孩子來說，卻彷彿很漫長。由此可知，時間貼現的影響也會變強。

▲ 孩子的一年比大人的一年還漫長。
善用即時滿足（念書夥伴、遊戲感和成就感），
為孩子創造眼前的喜悅和樂趣。

因此，要求子女為遙遠的理想未來努力，遠比大人還困難。如果孩子出現「我想考〇〇，卻毫無行動」的情況，也不足為奇。當未來太過遙遠時，不妨善用4-2提到的「即時滿足」，讓孩子為了眼前的喜悅和樂趣而努力吧！

順帶一提，我在5-5提到「感謝和體貼能有效提升自制力」，這則實驗就是運用了時間貼現的原理。

實驗以七十五名學生為研究對象，並將他們分成三組，第一組學生寫下「一天的日記」，第二組學生寫下「想要感謝的事」，第三組學生則寫「感到幸福的事」。

之後，再問學生：「現在得到五十美元，與一年後得到一百美元，你覺得哪個好？」不論學生選擇何者，實驗者想調查，一年後得到一百美元，在當下可兌換成多少價值。

結果發現，寫下「一天的日記」的學生，認為一年後的一百美元在當下只等同於十七美元的價值感。寫下感到幸福的事的學生，結果是十八美元。至於寫下想要感謝的事的學生，則是三十美元。這則實驗證實，透過感謝他人可以減少時間貼現的影響！

不過，時間貼現的影響仍然不容小覷。

因此，看到孩子無法朝著目標努力時，請不要焦急操心，不妨善用「即時滿足」和「寫下感謝」這兩大法寶。

重點提示

- 時間離得越遠，目標的價值感越低（時間貼現）。
- 孩子的一年比大人的一年還長。
- 讓孩子學會感謝，可以減輕時間貼現的影響。

6-2

沒有內在動機，只給獎勵就是件壞事

第二項心理準備，與獎勵有關。你是否認為用獎勵誘導孩子念書不太好？對於利用獎勵控制孩子，總覺得有罪惡感，而且也不希望孩子是因為獎勵才願意行動。

家長會有這種顧慮，確實也是人之常情。不過，除了給獎勵，其實誇讚和責罵也都是利用外力控制孩子，並非最好的教育方式。要讓孩子產生內在動機，願意自動自發，才是最理想的。

只要有內在動機，人就會付諸行動嗎？其實不然。明明想做，也覺得做了比較好，最後卻沒有付諸行動。想必大家都有類似的經驗吧？

與其要孩子為了遙遠的目標努力，如果當下的獎勵（即時滿足）讓孩子更願意努力，善用一下又何妨？

獎勵沒效？孩子得先有意願

我的建議是，家長要盡量避免用獎勵、誇讚或責罵的方式，去控制子女的想法和情感。如果你想用獎勵鼓勵他付諸行動，必須在尊重孩子意願的前提下。

也就是說，如果孩子本身根本不想念書，就不建議用給獎勵的方式讓他念書。威脅不念書就沒收遊戲，這種懲罰方式更不好。

那什麼時機才適合獎勵？就是孩子本身也想努力考上志願學校，卻提不起勁的時候。

當子女以獎勵為目標念書時，請引導他發現念書的樂趣和價值，好讓他把念書的誘因轉為後者。

仔細想想，我們大人工作也是為了薪水的獎勵目標而努力，不是嗎？

我在念大學的時候，曾經到補習班打工當講師，最大的理由是時薪很高。這完全是看中獎勵才行動。但後來，我發現這項工作很有趣，也很有意義，一轉眼竟然已經理首教學二十年。

我相信，一定也有人一開始是因為薪水高或待遇好，而選擇某項工作，後來卻發現工作內容更有趣，從此全心投入工作的吧！

最終目標：讓孩子學會自我獎勵

大人為了生活溫飽，不可能不需要薪水，卻有很多孩子根本不需要獎勵。低年級的孩子，經常會為獲得點數拚命努力，但在升上高年級以後，多數孩子往往就不再在意點數，而是開始自發性學習。

讓孩子自主學習才是最終目的，獎勵只是在過程中發揮輔助作用而已。

但要特別注意的是，**如果孩子無法產生內在動機**，成功建立念書習慣，

家長就得一直用獎懲的方式控制孩子。

不過，這只是比較極端的狀況，也不要因此而過度排斥給孩子獎勵！

我們的最終目標，是讓孩子學會自我獎勵，以及提升內在動機。能夠自我獎勵代表孩子可以自我管理、不依賴他人，這完全不是壞事。

讓孩子學會自我獎勵，不也是育兒的目標之一嗎？

▲ 當孩子不需要點心等物品當獎勵，內在動機也能增強時，
我們就距離教養孩子的目標更近了。

重點提示

- 請善用當下的獎勵（即時滿足）。
- 獎勵不是用來控制孩子的想法和情感，而是引導他們付諸行動。
- 讓孩子學會自我獎勵，提升內在動機。

6-3 獎勵要怎麼給？永遠給、馬上給、頻繁給

既然用獎勵誘發動力不是壞事，那麼什麼樣的獎勵才有效？這一節，我想分享運用獎勵的三項要領。

① 永遠給

經常有家長問：「獎勵要給到什麼時候？」我的回答是「永遠」。

上一節，我提到工作領薪水的例子。這裡也請大家思考一下。

你以獲得薪水為目標開始工作，過一陣子工作上軌道，也覺得工作很愉

快。這時，上司卻突然告知：「差不多不用再給你薪水了吧？」你的感覺會如何？

一般都會回答我要辭職吧？有些人為了顧客或同事，就算當義工也願意繼續工作，但這並不是常態。

家長給孩子獎勵也一樣，要有持續給獎勵的心理準備。或許孩子終究會對獎勵失去興趣，因為他們並不像大人有生計煩惱，所以如果找到比獎勵更有意義的事物，往往就不再需要獎勵。

採取獎勵措施時，如果抱有前述期待，通常會以失敗告終。即使孩子成功建立念書習慣，時間到了自動去念書，但如果不是發自內在動機，也可能突然中止。

還有，即使經過三、五年，孩子仍可能過度依賴獎勵。打算採取獎勵措施的時候，一定要有這種心理準備。

②馬上給

還記得前面提到的時間貼現嗎？如果一項好處要很久才能得到，它的價值感就會降低。相反的，如果行動後馬上有獎勵，價值感就會很高。當下的鼓勵和關懷，最能夠激勵孩子。

次於當下的好時機，就是行動後。

不過，也不是每次都可以馬上給獎勵吧？那就越早越好，盡可能馬上給獎勵吧！

③頻繁給

建立念書習慣，需要不斷重複。想讓孩子不斷重複，得讓他產生「有做真好」、「下次繼續努力」的想法。最好的方法，就是每次都有獎勵。比起

▲ 給孩子獎勵有幾項要領，就是永遠給、馬上給、頻繁給。

「每週達成目標就給獎勵」，「每天達成目標就給獎勵×七天」的效果會更顯著。

還有，如果打算給很多次獎勵，必須每次都是小獎勵，如此才能長久持續下去。

即使是小獎勵也沒關係，如同要領②所說，**獎勵只要馬上給，就算是小獎勵，也可以發揮大價值**。

總結一下給獎勵的要領：

- 永遠給。
- 小獎勵。
- 馬上給。
- 頻繁給。

請頻繁給孩子小獎勵，引導他成功建立好習慣吧！

重點提示

- 永遠都有獎勵。
- 獎勵的時機要早，而且次數要頻繁。

6-4

孩子表面上不會聽你的話，但會模仿行為

你本身想要養成什麼好習慣嗎？

為了身體健康，想養成運動習慣？為了提升職場競爭力，想養成學習習慣？或者是，你想要戒掉什麼習慣嗎？

沒有人可以完美無缺，如果你也有想要改正的行為，請活用本書學到的方法，著手改變自身習慣吧！

尤其是，與孩子一起挑戰建立好習慣，效果將會加倍。

因為你就是孩子的最佳榜樣。

善用孩子「模仿」家長的天性

人的大腦有一種「鏡像神經元」（mirror neuron），透過鏡像神經元，我們會下意識的把別人的想法和行為投射在自己身上，與對方產生同步連結。

比方說，看到有人焦慮不安時，自己也跟著焦慮。

看到有人受傷好像很痛的樣子，自己彷彿也覺得很痛。

親近的人愉快或悲傷時，我們也感同身受吧？

從心理學來說，這叫「情緒感染」（Emotional Contagion）。

不只情緒會產生這種現象。

「想做的事」也會傳染，這種情況叫做目標感染（按：指人會自動的從他人的行為信息中推測其目標，並下意識的模仿。）

看到別人吃得津津有味，自己也覺得想吃；看到朋友有什麼遊戲，自己也想要；看到家人愉快的看電視，自己也跟著一起看……。

你一定也有類似經驗吧？不妨善用人的這項天性吧！

在孩子面前當榜樣，孩子就會下意識模仿，想要與家長一起建立好習慣、一起努力。

孩子通常不會乖乖聽大人的話，不過，他們卻會模仿大人的行為。

想要督促孩子付諸行動，直接做給他們看最有效。

而且透過親身實踐，我們也會知道建立習慣有多麼困難！

當孩子失敗時，請用溫和鼓勵

看到孩子不認真念書，許多家長都覺得心急如焚吧？

甚至會氣得破口大罵：「為什麼不好好念書？」

仔細想想，其實要持續不懈努力，本來就不容易。偶爾也會想偷懶一下，再重新振作吧？

這裡再次強調，如同我在5-4所述，**面對失敗，請用溫和鼓勵**。

▲ 想讓孩子愛看書，最好的辦法，就是家長本身也樂於閱讀。

當家長也一起挑戰建立某項習慣，一定可能遭遇失敗。這時，就能充分體會持續一件事有多不容易！

有了親身體會的經驗，當孩子遭遇失敗時，便能給予寬容和鼓勵。這不僅是口頭上的安慰鼓勵而已，而是打從心底包容和鼓勵孩子。

家長的溫和支持，會讓孩子得到繼續挑戰的力量。

陪孩子一起建立好習慣，會對孩子產生非常多正面影響。你想挑戰建立什麼好習慣呢？

重點提示

- 請家長陪同孩子一起挑戰建立好習慣。
- 家長是孩子的最佳榜樣，要善用孩子模仿的天性。
- 當家長親身體驗之後，就會了解建立習慣有多不容易。

6-5 完美主義只會摧毀一個人

你經常對孩子下指導棋嗎？希望孩子把成績考好，所以忍不住告訴他「這題要準備」、「那題會考」、「你這種念書方式不行」。你覺得這是為孩子好，是愛他才會這樣做。

這種想法本身沒有不對。

不過，家長如果過度干涉，不僅子女未來罹患憂鬱症和焦慮症的風險會增加，幸福感也會降低，請特別注意！

因為，這等於告訴他：「你做的事都不對。」結果反而使孩子陷入自責，覺得自己不完美，什麼事都做不好。

家長的求好心切，讓孩子想做卻又做不到完美，所以經常陷入自責。

這種情況稱為「適應不良的完美主義」，容易引發憂鬱症和焦慮症，降低孩子的幸福感。

新加坡國立大學的研究也顯示，**在家長過度干涉下成長的孩子，會有過度自我批判的傾向，而這種自我批判的態度，極容易演變成憂鬱症和焦慮症**。本意是為了孩子著想，卻讓孩子的人生變不幸，一定要特別小心！

家長得捨棄完美主義

如何避免這種情況發生？

首先，家長本身得放下完美主義。很多家長之所以會過度干涉，是因為不想讓孩子失敗。看到孩子失敗，就好像自己教育失敗一樣。

這種強烈害怕失敗的心情，會讓家長忍不住用扣分法評價孩子，覺得孩子永遠離理想差一大截。而且，不管孩子怎麼表現，家長往往予以批評和責罵。為此，家長們不妨放下心中的不安和恐懼吧！

看到孩子成績考壞、建立念書習慣遇到挫折時，只要吸取經驗，下次再改進就好。失敗就失敗，沒什麼大不了，確實吸取教訓，把它當成是邁向成功的過程，思考下一步該怎麼做，才可以獲得成功！

本書已經告訴大家，如何透過自我管理建立理想習慣。不過，自我管理可沒那麼簡單！

因為自我管理已經不容易，想要管理孩子的行為，更是難上加難！而且，所謂的管理，可不能變成過度干涉。請不要忘記，孩子才是主體，大人只能引導孩子如何達成目標而已。

重點提示

- 過度干涉會降低孩子的幸福感。
- 家長自己得捨棄完美主義。
- 大人只能協助引導孩子如何達成目標。

6-6 父母自己也要做到，效果才會加倍

我在第一章提到，成功通過棉花糖實驗的孩子，代表善於忍耐，將來的表現也比較優秀。不過，後來有學者推翻這項論點。

美國紐約大學的心理學教授泰勒·華茲（Tyler Watts），對棉花糖實驗再次進行驗證，發現「**結果受限於某些條件**」。

最初的棉花糖實驗，受試者都是史丹佛大學教職員的子女。華茲教授擴大條件範圍，讓收入和教育水準較低的家庭子女也加入實驗，並且同時把「家庭的年收入」也納入分析考量。

結論發現，「是否得到第二個棉花糖？」與孩子的家庭經濟背景有關。雙親經濟寬裕、教育水準高的孩子比較可以抵抗眼前誘惑，經濟條件差、雙

親沒有上大學的孩子，更容易屈服於眼前誘惑。

也就是說，孩子能否得到第二個棉花糖、日後能否取得成功，優渥的家庭環境才是主因。

家庭環境不好，只得放棄嗎？

看到這種結果，你的看法如何？此時可能有三種看法。

①如果家庭環境對子女的成績和未來成功影響很大，孩子的將來幾乎已經注定，所以沒必要特別再努力。

②即使家庭環境對子女的成績和未來成功影響很大，應該也有其他的因素，還是盡可能努力看看吧！

③如果家庭環境對子女的成績和未來成功影響很大，那就改變家庭環境吧！努力改變家庭經濟，現在開始改變也不晚。

▲ 教孩子學會自我管理、制定計畫，並透過行動發現樂趣。

你的想法傾向哪一種？家庭環境對學生的成績和未來是否成功確實影響很大，但不代表孩子的將來已經沒有轉圜的餘地！

所謂棉花糖實驗，原本只是針對自制力測試而已，並不能代表孩子的個人特質。不過，正如這本書所說，人本來就很難為了長遠目標抗拒眼前誘惑，光靠意志力根本行不通！

與其仰賴意志力，不妨善用「If-then計畫」，或試著「從行動中發掘樂趣（找夥伴一起努力）」，效果才更好。

家長得先相信孩子的可能性

孩子的想法，往往受到家長影響。當孩子聽到「與生俱來的智力，會大幅影響學習表現」，他會做何感想？

①如果智力對成績影響很大，成績幾乎已經注定，再努力也沒用。

②即使智力對成績影響很大，應該也有其他的因素，先盡可能努力看看吧！

③如果智力對成績影響很大，那就提升智力吧。努力尋找提升智力的方法。

跟前面的問題是不是很類似？那麼，你希望你的孩子怎麼想，採取什麼行動？

認為智力不會改變的人，根本不會做任何努力。因此，最後只會得到「智力不會改變」的結果。

認為智力可以改變的人，會為了提升智力做努力。因此，最後實現智力提升的結果。

想拓展孩子的可能性、讓他們變得積極自信，我們大人應該先做好榜樣。

重點提示

- 孩子的將來，不全然取決於家庭環境。
- 孩子的想法，往往受到家長影響。
- 想讓孩子變得積極自信，大人應該先做榜樣。

6-7

你臉上不禁露出的失望，孩子感受得到

終於來到本書的最後。我想告訴大家，協助子女建立習慣的最後一項心理準備——講給孩子聽的，都得是真心話。

為了收穫成功，一定要養成和累積好習慣。而想讓孩子持續某件事，直到養成習慣，家長要善用獎勵、誇讚和鼓勵，讓他得到「即時滿足」。

但要特別注意，鼓勵孩子成長，最重要的是：父母的真心。**對孩子來說，最好的獎勵就是「父母打從心裡為自己高興」**。

父母由衷期盼孩子成長，親子關係才會融洽。

如果一味的用完美主義看待孩子的表現，只會覺得「這邊沒做好、那邊沒做好」，處處都是扣分。當孩子學會一件事，應該用加分法給予肯定。發現孩子的優點，真心為孩子高興，孩子也感受得到。孩子受到鼓勵，也願意更加倍努力！

如果家長不是出於真心，只是嘴上誇讚，心存敷衍的用獎勵搪塞孩子，根本無法打動孩子的心。因為**孩子其實很敏銳，非常了解大人的心思**。

因此，我們應該為子女的成長衷心喜悅。

有些家長嘴上說：「努力的過程比結果重要。」結果看到孩子成績考壞，就一副失望的樣子，孩子其實也感受得到。為了取信孩子，我們應該打從心裡相信，努力比結果更重要。

「習慣會改變人生！」

「學會建立好習慣，可以改變人生！」

「考試考壞了，好好反省，表示還有成長空間！」

家長講給孩子聽的，一定得是真心話。這是因為，人的大腦天生能夠體察別人的想法。

改變孩子，也改變自己

怎樣才可以改變自己的想法？

這個方法，已經在第一章告訴大家。

你還記得嗎？

無論想法或個性，都可以透過習慣加以改變。

首先，請想像自己的理想目標。再進一步思考，什麼樣的行為才符合該想法和個性？然後把這種行為變成習慣吧！當你重複這些行為的時候，你的想法和個性，就會逐漸趨向理想狀態。

當你透過習慣改變行為和個性，你和孩子的人生都會變得更棒。

從現在開始，挑戰建立好習慣吧！

重點提示

- 家長講給孩子聽的，都得是真心話。
- 最好的獎勵，就是打從心裡為孩子高興。
- 父母能由衷的期盼孩子成長，親子關係才會融洽。

聽了你的話，我家小翔改變好多！
是嗎？那真是太好了！
用不著硬逼孩子，或是強調意志力，孩子還是會好好努力的！
最近他樂於求知，從前做不到的，現在都做到了，超有成就感！
那是好現象！
實際體會「只要努力就可以改變自我」，發現「從前做不到的，現在都可以做到」。這種成就感，對往後的人生也大有幫助！
親子關係融洽的孩子，多半在考試測驗表現良好。
請用愉悅的心期待孩子成長，從旁協助和守護孩子！
非常謝謝你！
不客氣！
這個人到底是誰啊？

結語
責罵只會讓關係緊張，無法改善

讀完這本書，你有什麼感想？

我寫這本書的時候，偶爾會想：「這些方法，真想教給以前的自己！」

學生時代的暑假作業，我總是到很晚才開始做，日記也從沒認真寫過。

國小低年級的時候，我也參加過雜誌舉辦的解題活動。但每個月，我都是快到截止期限，才把題目做好，根本不記得惹媽媽生氣過幾次！

升上高年級後，我開始去補習。補習班的功課，我也是在截止日當天，放學後趕在去補習班前完成。

看到我這麼不用功念書，媽媽簡直氣得半死，好幾次都把補習班的課本從陽臺扔出去！

被媽媽罵了，我當然覺得灰心喪志，卻也沒有變得努力用功。

現在，我站在指導者的立場，完全可以體會媽媽當年的操煩。

我也很想大罵：「你為什麼不好好用功？」

我想，應該很多家長會對孩子說這句話吧？

另一方面，我也非常了解孩子的心情。

當時挨罵的心情，我到現在都還記得。明明下定主意用功，卻沒有付諸行動或是半途而廢。當時真的覺得自己很不應該、很懊悔，也很悲哀。

家長看到孩子不努力多半很難過，但那些很努力卻還是達不到家長要求的孩子同樣難過。其實，只要教孩子重新建立好習慣，就可以一併解決家長和孩子的痛苦。

無論念書、學才藝，或是長大後面對工作，只要決定好目標、訂好計畫，就能逐步實踐。

然而，不管是孩子念書，還是大人工作，都占去一天大半的時間。這段時間是痛苦還是愉快，會大幅影響人生的幸福度。

因此，我相信，這本書不僅能夠讓孩子獲得幸福，學會建立好習慣，也能改善親子關係。

「明明決定不生氣，要當溫柔的父母，卻忍不住對孩子發怒，然後陷入自我厭惡。」

「責罵只會讓親子關係更緊張，根本無法改善孩子的行為。生氣又有什麼用？」

「明明決定多看孩子的優點、經常誇讚孩子，可是一不小心又開始大吼大叫。」

許多家長看了我的電子雜誌或YouTube，往往留下這些感言。

明明想做，卻無法持續的人非常多，真是令人無能為力吧！

由此可見，改變習慣對大人來說也很困難。

從今天開始，讓這些煩惱消失無蹤吧！

教養孩子的目的是什麼？先從確定目的開始吧！

親子之間相處融洽，不就是最重要的目的之一嗎？

為了達到目的，應該採取什麼行動？開始決定行動目標吧！

然後，請試著減少發脾氣，因為生氣無法達到目的，只會讓彼此不愉快而已。

例如，你可以試著評估孩子是否達到理想表現。數數看，你發現孩子幾項優點、誇獎過他幾次？

當孩子達成目標時，不妨自我誇獎一下，也試著給自己獎勵吧！改變對待孩子的方式，孩子的行為也會跟著改變。

親子共同建立好習慣，彼此的笑容也會增加。比起工作和學習，良好的親子關係才是人生幸福的關鍵。

習慣的力量非常強大。請愉快的閱讀本書，並試著實踐看看吧！

主要參考文獻

Boreom Lee, Ji-Young Park, Wi Hoon Jung, Hee Sun Kim, Jungsu S Oh, Chi-Hoon Choi, Joon Hwan Jang, Do-Hyung Kang, Jun Soo Kwon, "White matter neuroplastic changes in long-term trained players of the game of "Baduk" (GO): a voxel-based diffusion-tensor imaging study"

Wi Hoon Jung, Sung Nyun Kim, Tae Young Lee, Joon Hwan Jang, Chi-Hoon Choi, Do-Hyung Kang and Jun Soo Kwon, "Exploring the brains of Baduk (GO) experts: gray matter morphometry, resting-state functional connectivity, and graph theoretical analysis"

Terrie E. Moffitt, Louise Arseneault, Daniel Belsky, Nigel Dickson, Robert J. Hancox, HonaLee Harrington, Renate Houts, Richie Poulton, Brent W. Roberts, Stephen Ross, Malcolm R. Sears, W. Murray Thomson, and Avshalom Caspi, "A gradient of childhood self-control predicts health, wealth, and public safety"

Angela L. Duckworth, Martin E. P. Seligman, "Self-Discipline Outdoes IQ in Predicting Academic Performance of Adolescents"

Lex Borghans, Bart H. H. Golsteyn, James J. Heckman, and John Eric Humphries, "What grades and achievement tests measure"

Roberts B. W. , DelVecchio W. F. , "The rank-order consistency of personality traits from childhood to old age: A quantitative review of longitudinal studies"

Kentaro Fujita, Yaacov Trope, Nira Liberman, and Maya Levin-Sagi, "Construal Levels and Self-Control"

Hal Ersner-Hershfield, M. Tess Garton, Kacey Ballard, Gregory R. Samanez-Larkin, and Brian Knutson, "Don't stop thinking about tomorrow: Individual differences in future self-continuity account for saving"

Hal E. Hershfield, Daniel G. Goldstein, William F. Sharpe, Jesse Fox, Leo Yeykelis, Laura L. Carstensen, Jeremy N. Bailenson, "Increasing Saving Behavior Through Age-Progressed Renderings of the Future Self"

Martin Oscarsson, Per Carlbring, Gerhard Andersson, Alexander Rozental, "A large-scale experiment on New Year's resolutions: Approach-oriented goals are more successful than avoidance-oriented goals"

Marina Milyavskaya, Michael Inzlicht, "What's So Great About Self-Control? Examining the Importance of Effortful Self-Control and Temptation in Predicting Real-Life Depletion and Goal Attainment"

James E Painter, Brian Wansink, Julie B Hieggelke, "How visibility and convenience influence candy consumption"

Gollwitzer, Peter M. , "Implementation intentions: Strong effects of simple plans"

Kaitlin Woolley, Ayelet Fishbach, "Immediate Rewards Predict Adherence to Long-Term Goals"

Navin Kaushal, Ryan E Rhodes, "Exercise habit formation in new gym members: a longitudinal study"

Ayelet Fishbach, Ravi Dhar, "Goals as Excuses or Guides: The Liberating Effect of Perceived Goal Progress on Choice"

主要參考文獻

Anirban Mukhopadhyay, Jaideep Sengupta, Suresh Ramanathan, "Recalling Past Temptations: An Information-Processing Perspective on the Dynamics of Self-Control"

Michael J. A. , Timothy A. Pychyl. , Shannon H. Bennett. , "I forgive myself, now I can study: How self-forgiveness for procrastinating can reduce future procrastination"

Adams, Claire E. Leary, Mark R. , "Promoting self-compassionate attitudes toward eating among restrictive and guilty eaters"

Simon Condliffe, Ebru Işgın, Brynne Fitzgerald, "Get thee to the gym! A field experiment on improving exercise habits"

Rebecca Koomen, Sebastian Grueneisen, Esther Herrmann, "Children Delay Gratification for Coop-erative Ends"

Ryan Y. Hong, Stephanie S. M. Lee, Ren Ying Chng, Yuqi Zhou, Fen-Fang Tsai, Seok Hui Tan, "Developmental Trajectories of Maladaptive Perfectionism in Middle Childhood"

Tyler W. Watts, Greg J. Duncan, Haonan Quan, "Revisiting the Marshmallow Test: A Conceptual Replication Investigating Links Between Early Delay of Gratification and Later Outcomes"

國家圖書館出版品預行編目（CIP）資料

爸媽不用逼的高效讀書法：哈佛、史丹佛、耶魯大學實證，不用刻意努力也能提高成績。／菊池洋匡著；賴詩韻譯. -- 初版. -- 臺北市：大是文化有限公司, 2022.09
240 頁；14.8×21 公分. --（Style；66）
譯自：小学生の勉強は習慣が9割
ISBN 978-626-7123-82-9（平裝）

1.CST：親職教育　2.CST：子女教育　3.CST：學習方法

528.2　　111009502

Style 066

爸媽不用逼的高效讀書法

哈佛、史丹佛、耶魯大學實證，不用刻意努力也能提高成績。

作　　者／菊池洋匡
譯　　者／賴詩韻
責任編輯／黃凱琪
校對編輯／蕭麗娟
美術編輯／林彥君
副總編輯／顏惠君
總 編 輯／吳依瑋
發 行 人／徐仲秋
會計助理／李秀娟
會　　計／許鳳雪
版權專員／劉宗德
版權經理／郝麗珍
行銷企劃／徐千晴
業務助理／李秀蕙
業務專員／馬絮盈、留婉茹
業務經理／林裕安
總 經 理／陳絜吾

出 版 者／大是文化有限公司
臺北市100衡陽路7號8樓
編輯部電話：（02）23757911
讀者服務／購書相關資訊請洽：（02）23757911　分機122
24小時讀者服務傳真：（02）23756999
讀者服務E-mail：haom@ms28.hinet.net
郵政劃撥帳號：19983366　戶名：大是文化有限公司

法律顧問／永然聯合法律事務所
香港發行／豐達出版發行有限公司
Rich Publishing & Distribution Ltd
香港柴灣永泰道70號柴灣工業城第2期1805室
Unit 1805, Ph. 2, Chai Wan Ind City, 70 Wing Tai Rd, Chai Wan, Hong Kong
電話：21726513　傳真：21724355
E-mail：cary@subseasy.com.hk

封面設計／季曉彤
內頁排版／黃淑華
印　　刷／緯峰印刷股份有限公司

出版日期／2022年9月初版
定　　價／新臺幣360元
ISBN／978-626-7123-82-9
電子書ISBN／9786267123935（PDF）
9786267123942（EPUB）

Printed in Taiwan
（缺頁或裝訂錯誤的書，請寄回更換）